Priska Lachmann

111 Orte in Leipzig, die man gesehen haben muss

111

emons:

Bibliografische Information der Deutschen Nationalbibliothek
Die Deutsche Nationalbibliothek verzeichnet diese Publikation in der Deutschen Nationalbibliografie; detaillierte bibliografische Daten sind im Internet über http://dnb.d-nb.de abrufbar.

MIX
Papier aus verantwortungsvollen Quellen
FSC® C043106

Lektorat: Andreas Zinßer
Gestaltung: Eva Kraskes, nach einem
Konzept von Lübbeke | Naumann | Thoben
Kartografie: altancicek.design, www.altancicek.de
Kartenbasisinformationen aus Openstreetmap,
© OpenStreetMap-Mitwirkende, ODbL
Druck und Bindung: Grafisches Centrum Cuno, Calbe
Printed in Germany 2024
ISBN 978-3-7408-2005-3

Vorwort

Leipzig rangiert auf Platz vier der lebenswertesten Städte Europas. Eine pulsierende Metropole. Messestadt. Stadt der Linden. Musikhauptstadt Deutschlands. Heimat- und Geburtsstadt einiger berühmter Persönlichkeiten. Buchstadt. Aber auch grün: Weit über 20 Parks gibt es. Und Wasserstadt ist es auch noch! Das Leipziger Neuseenland aber auch die Kanallandschaft verblüffen Besucher immer wieder.

Leipzig ist voller Superlative, aber für seine Einwohner vor allem eine Heimatstadt, die sich manchmal auch anfühlen kann wie ein Dorf. Man kann überall zu Fuß hingehen. Jedes Café könnte man, wenn man wollte, kennenlernen. Überall trifft man jemanden, den man kennt und das subjektive Gefühl vereint: Jeder kennt jeden. Die Stadt wächst aktuell schneller, als man gucken kann, und verändert sich dadurch gewaltig. Trotzdem bleibt es für eine Großstadt erstaunlich persönlich und nahbar.

Leipzig ist meine Geburtsstadt und Wahlheimat. In meinem Buch »111 Orte für Kinder in Leipzig« finden Familien sogar 222 Tipps, um die Stadt zu erkunden. In »Unterwegs mit deinen Lieblingsmenschen in Leipzig« gebe ich Ausflugstipps für alle Gelegenheiten. Dieses Buch nun entführt Leser in die Geschichte der Stadt, zu außergewöhnlichen Orten und auch einigen touristischen Attraktionen, die Besucher der Stadt natürlich unbedingt gesehen haben müssen. Doch was wäre ein 111 Orte-Buch, wenn es dabei nicht Anekdoten und Fakten zu entdecken gäbe, die man sonst nicht so einfach erfährt…

Viel Freude beim Entdecken!
Eure Priska Lachmann

111 Orte

1 Der alte Johannisfriedhof

Der älteste Friedhof der Stadt

Hier liegen begraben: Ein Hauptmann im königlich ostpreußischen Königsberger Landwehrbataillon, der beim siegreichen Sturm auf Leipzig fiel, ein Philologe und Ägyptologe, ein Freund von Robert Schumann, ein Sohn eines Leipziger Theologen, der im Alter von drei Tagen starb und noch 280.000 mehr. Sie fanden hier, auf dem ältesten Friedhof der Stadt, ihre letzte Ruhe.

1278 erwirbt die Genossenschaft der Leprakranken etwas Land vor dem Grimmaischen Tor und errichtet darauf ein Krankenhaus und eine Kapelle sowie unweigerlich einen Friedhof. Zu Beginn wurden hier vor allem die verstorbenen Leprakranken bestattet. Der Friedhof wird im Laufe der Jahrzehnte und Jahrhunderte erweitert und wird zum allgemeinen Begräbnisplatz der Stadt. Zur Völkerschlacht werden hier die Verwundeten und Gefangenen versorgt, da die Kirchen und Lazarette voll sind. 1883 erfolgt auf dem Johannisfriedhof die letzte Bestattung.

Seit 1995 ist er eine museale Parkanlage und ein Zeugnis Leipziger Stadtgeschichte mit Rasenflächen, Bäumen und historischen Grabsteinen. Von den damals typischen Gruftgebäuden ist heute nur noch die Gruft der Familie Baumgärtner erhalten. Sie wurde 1726 errichtet. Auf dem ganzen Gelände sieht man heute etwa 400 Grabmäler aus dem Barock, Klassizismus und Historismus.

Goethe erwähnt den Johannisfriedhof während seiner Leipziger Studienzeit. Ihm widerfährt ein lebensbedrohlicher Blutsturz Ende Juli 1978 und er wünscht sich ein Begräbnis auf diesem Friedhof, sollte er tatsächlich daran sterben. Es ist spannend, all die berühmten Leipziger Persönlichkeiten zu entdecken, die hier begraben liegen. Anton-Philipp Reclam zum Beispiel; aber auch die Verleger Brockhaus; die Mutter und die Schwester von Richard Wagner; Anna Katharina Kanne, Goethes Freundin während seiner Studienzeit in Leipzig; Karl Theodor Küst sowie Kämpferinnen der Frauenbewegung wie Luise Otto-Peters.

Adresse Johannisplatz 5–11, 04103 Leipzig, www.leipzig.de/freizeit-kultur-und-tourismus/parks-waelder-und-friedhoefe/parks-und-gruenanlagen/alter-johannisfriedhof | ÖPNV Tram 4 ,7, 12, 15, Haltestelle Johannisplatz | Öffnungszeiten März–Okt. Mo–So 10–18 Uhr, Nov–Feb. Mo–So 10–16 Uhr | Tipp Das Grassi-Museum beherbergt drei Museen von internationalem Rang.

2 Auerbachs Keller Leipzig

500 Jahre Wein und Faust

1525 war Heinrich Stromer Professor und Doktor der Medizin in Leipzig. Er war der Überzeugung, dass es aufgrund der Pest gesünder sei, ausschließlich Wein statt Wasser zu trinken. Er heiratete die Tochter eines reichen Kaufmanns und bekam zur Hochzeit von deren Vater ein Grundstück mit einem Weinkeller zur Mitgift. In diesem eröffnete er 1525 den ersten öffentlichen Weinkeller und machte ihn für Studenten zugänglich. 1530 eröffnete er zwei anschließende und eine halbe Ebene höhergelegene Räume für die reichen Kaufleute, damit diese nicht gemeinsam mit den Studenten trinken mussten. Damals wie heute hängt hier ein Gemälde, welches die berühmte Fassritt-Legende des Dr. Faust zeigt. Der damalige Wirt ließ dieses Gemälde anfertigen und nutzte die Prominenz der Legende, um allen Besuchern zu erzählen, dass Faust tatsächlich bei ihm einmal zu Gast gewesen sei. 1765 wurde ein anderer Gast Stammkunde, so kann man es ausdrücken, in Auerbachs Keller Leipzig: Johann Wolfgang von Goethe. Inspiriert durch die einzigartige Atmosphäre und die Fassritt-Legende, ersann er seine beiden berühmten Faust-Dramen.

Bis heute kann man die Historischen Weinstuben während einer Führung besichtigen oder besondere Anlässe darin feiern. Gemälde der wichtigsten Szenen aus Faust I, eingepasst in das Tonnengewölbe, verzaubern das Herzstück, den Fasskeller. Ebenso ein Leuchter, aus einem einzigen Lindenstamm gefertigt, der den Ritt zur Walpurgisnacht Richtung Brocken darstellen soll. Über 90 Millionen Gäste haben Auerbachs Keller Leipzig in den vergangenen 500 Jahren besucht.

Inzwischen ist der Weinkeller nicht nur eine touristische Attraktion, sondern auch Veranstaltungsstätte für Kinder-Workshops, Poetry Slam und Theater-Dinner. Im geschichtsträchtigen Ambiente werden traditionelle sächsische Gerichte serviert, aber auch Menüs, Buffets und individuelle Arrangements können gebucht werden.

Adresse Grimmaische Straße 2–4, 04109 Leipzig, www.auerbachs-keller-leipzig.de | ÖPNV Tram 4, 7, 8, 10, 11, 12, 14, 15, 16, Haltestelle Augustusplatz | Öffnungszeiten Mo, Do, So 12–22 Uhr, Di und Mi 17–22 Uhr, Fr und Sa 12–23 Uhr | Tipp In der Bar »Mephisto« gibt es »Mephisto«-Torte und 47 internationale Cocktails.

3 Der Bergbau-Technik-Park

Ein Freilichtmuseum zum Staunen

Ein Freilichtmuseum der ganz besonderen Art. Auf über fünf Hektar werden kleine und große Besucher in die Zeit der Leipziger Braunkohleförderung entführt. Fährt man auf der Autobahn Richtung Süden, sieht man schon von Weitem die riesigen Maschinen in den Himmel ragen. Wer sich nicht auskennt, weiß auch nicht, was sie bezwecken.

Im Bergbau-Technik-Park verbinden sich staunende Abenteuer, wissbegierige Geschichte und einfach ein entspannter Spaziergang miteinander. 23 Anschauliche Tafeln erklären den Abbau der Braunkohle für alle Altersklassen. Welche Ausmaße der Abbau hatte, was es für die anliegenden Dörfer bedeutete, das alles wird durch den Anblick der riesigen Geräte deutlich. Der Schaufelradbagger mit 1.300 Tonnen und der Bandabsetzer, der 2.400 Tonnen wiegt, bilden heute die Kernstücke des Parks. Sie konnten dank der Initiative des Vereins Bergbau-Technik-Park e. V. gerettet werden.

Auch eine E-Lok mit einem Abraum- und Kohlewagen und eine Bandanlage zeigen, wie die Arbeit damals funktionierte. Der Schaufelradbagger diente zum Beispiel dem Abbau der Braunkohle, indem er die abgebaggerten Massen auf dem Schaufelrad beförderte und diese dann bis zum Abwurfband transportiert wurden. Von dort wurde die Kohle dann auf Züge verladen und zu einem Braunkohlewerk transportiert, wo Elektroenergie erzeugt wurde. Der Bagger-Typ, der im Park steht, fuhr auf mehreren Raupenfahrwerken. Drei bis fünf Männer bedienten ihn.

Der Park ist ein riesiges und vor allem beeindruckendes Open-Air-Museum und Teil der sächsischen »Route der Industriekultur«. Auch Veranstaltungen und Wanderungen werden regelmäßig durchgeführt. Ein schöner, sehr origineller Spielplatz mit Wasserspielelementen für Kinder und ein Imbiss am angrenzenden Kiosk runden das Erlebnis ab. Der Park hinterlässt bleibenden Eindruck, nirgendwo sonst sind die Erinnerungen an die Geschichte der Braunkohle so eindrücklich sichtbar.

Adresse Am Westufer 2, 04463 Großpösna, www.bergbau-technik-park.de | ÖPNV Bus 106, 141, Haltestelle Kanupark Auenhain, von dort 2 Kilometer zu Fuß | Öffnungszeiten siehe Website | Tipp In der Nähe des Parks liegt der Hainer See.

4 Der Besucher-Hügel

Flugzeuge beobachten

Leipzigs Flughafen liegt etwa 18 Kilometer nordwestlich der Stadt und ist erwartungsgemäß gut an die Autobahnen und das regionale Verkehrsnetz angebunden. Das macht es recht einfach möglich, dem eigenen Fernweh etwas Abhilfe zu verschaffen, indem man sich die Flughafenatmosphäre ins nächste freie Wochenende holt.

Neben der Flughafen-Landebahn, zwischen dem Dorf Freiroda und dem Flughafengelände, kann man ganz offiziell und kostenfrei Flugzeugstarts und Landungen hautnah erleben. Die Nordbahn wurde im Jahr 2000 eröffnet und direkt danach wurden Treppen und Geländer für Schaulustige, Neugierige und Flugzeugfans erbaut. Mit dem Fernrohr, das am Besucherhügel angebracht ist, kann man die Flugzeuge am Himmel noch besser beobachten. Es gibt einen Parkplatz für Autos und Busse. Es ist empfehlenswert, sich vorher einen Überblick zu verschaffen, wann die Ankünfte und Abflüge am Tag stattfinden, damit man nicht stundenlang warten muss. Der zwölf Meter hohe Besucherhügel wurde aus Erde aufgeschüttet, die beim Bau des neuen Flughafens übriggeblieben, beziehungsweise angefallen war.

Wer noch höher hinaus möchte, ist auf der Aussichtsterrasse des Flughafens gut aufgehoben. Vom Dach des Verwaltungsgebäudes, in 30 Metern Höhe, kann man das ganze Flughafengelände einsehen. Alle Starts und Landungen kann man von hier sehr gut beobachten. Die Terrasse ist rund 200 Quadratmeter groß und bietet Platz für circa 80 Besucher. Durch einen Aufzug ist sie leicht zugänglich. Aktuell kostet der Eintritt zwei Euro pro Person.

Noch nicht genug Kerosin geschnuppert? Bei einer Flughafentour kann man einen Blick hinter die Kulissen werfen. Bei der beliebten »Airport-Tour«, fährt man mit dem Bus über das Flughafengelände. Auch der Besuch der Flughafenfeuerwehr ist im Rahmen einer Führung möglich. Genauso wie Kindergeburtstage, Nacht-Touren und vieles mehr.

Adresse Ernst-Thälmann-Straße, 04435 Schkeuditz, www.mdf-ag.com/reisende-und-besucher/flughafen-leipzig-halle/fluege/ankuenfte-abfluege | ÖPNV S-Bahn S 5/S 5X, Haltestelle Flughafen Leipzig/Halle | Öffnungszeiten witterungsabhängig, rund um die Uhr geöffnet | Tipp Die kostenfreie Fotoausstellung in der Mall des Flughafens besuchen.

5 Die Bootsrutsche

Die Connewitzer Schleuse

Knapp 21.000 Boote werden jährlich durch die Connewitzer Schleuse des Pleißeflutbetts gelassen. Mit einem Kanu geht es in die Schleuse hinein, bergauf wird sie mit Personal betrieben. Dafür zieht man an einem Seil, um sich bemerkbar zu machen. Es dauert, Zeit braucht man auf jeden Fall. Aber wenn man schon mal auf dem Wasser ist, kann man auch direkt entschleunigen und entspannen. Mit dem Boot fährt man in die Schleuse hinein, hinter einem werden die Tore geschlossen. Nun wird der Wasserstand angepasst und die Tore am Ausgang der Schleusenkammer öffnen sich wieder. Man paddelt aus der Schleuse heraus, die Tore schließen sich wieder.

Der Floßgraben hinter der Schleuse fühlt sich beim Paddeln an wie ein echtes Paradies: grün und wild und scheinbar endlos. Es riecht nach Blumen und die Vögel zwitschern. Auf dem Rückweg geht es aus dem Floßgraben über die Bootsrutsche aus der Schleuse hinaus. Das ist eine Wasserrutsche, die sehr viel Spaß macht.

Das Pleißeflutbett ist ein künstlich angelegter Flusslauf in Leipzig. Er beginnt am Connewitzer Wehr und mündet in das Elsterflutbett. Der Fluss ist ungefähr 18 Meter breit und wird von Wiesen umsäumt, die deichartig gebaut wurden, um vor Hochwasser zu schützen. Nach zweijähriger Bauzeit wurde 2011 die Bootsschleuse mit Vorhäfen, Wehrfeld und Fischaufstiegsanlage am Connewitzer Wehr eröffnet.

Vor allem in den Sommermonaten nutzen die Leipziger die Anlage sehr gern und sehr oft. Dann gilt es, lange Wartezeiten in Kauf zu nehmen und geduldig in einer Schlange zu warten. Doch es lohnt sich: Manche fahren sogar mehrmals mit der Schleuse, um immer und immer wieder in den spaßigen Genuss der Wasserrutsche zu kommen. Dank einer Wasserwegebeschilderung kann man sich auch auf dem Fluss nicht verirren. Hauptwegweiser, Informationstafeln und Warnhinweise zeigen den Wassersportlern, wo sie langfahren können.

Adresse Schleuse Connewitzer Wehr, 04277 Leipzig, www.leipzig.de/freizeit-kultur-und-tourismus/seen-fluesse-und-gewaesser/schleusenservice | **ÖPNV** Bus 60, 74, Haltestelle Nonnenweg | **Öffnungszeiten** Betriebszeiten Mai – Sept. 10 – 20 Uhr, April und Okt. 10 – 18 Uhr | **Tipp** Kanus kann man beim Bootsverleih am Wildpark ausleihen.

6 Das Budde-Haus

Sonnenschein, Kulturgeschichte und Büchertausch

1880 kaufte der Unternehmer Adolf Bleichert das damalige Gaswerk und die angrenzende Villa an der Lützowstraße und ließ letztere abreißen. Er baute eine neue, die jetzige, und taufte sie auf den Namen seiner Frau Hilda. Adolf Bleichert verstarb 1901 während einer Kur im Schweizer Davos an der Tuberkulose und vererbte seine Bleichertwerke an die beiden Söhne Max und Paul, die sie erfolgreich weiterführten. Seine Fabrik war vor allem im Seilbahnbau tätig. Die Familie wurde 1918 sogar in den erblichen Adelsstand erhoben. Doch das Glück des Hauses hielt nicht ewig an, denn nachdem es ein Karl Mende gekauft hatte, wurde es im Zweiten Weltkrieg stark beschädigt und der Hauseigentümer sogar verhaftet. Das Haus wurde zu einem Internat und Kinderheim umfunktioniert und 1965 an den Nachfolgebetrieb der Bleichertwerke, den VEB Schwermaschinenbau Verlade- und Transportanlagen Leipzig, zur kulturellen Nutzung übertragen. 1993 wurde es wieder geschlossen und an einen Enkel Karl Mendes übergeben. Die Stadt Leipzig kaufte es daraufhin zurück und übergab es dem neu gegründeten Förderverein Heinrich-Budde-Haus e. V.

Das Budde-Haus wurde nach einem Heinrich Budde benannt, der als Eisenkonstrukteur bei der Firma Bleichert gearbeitet hatte und 1943, weil er sich negativ über das Nazi-Regime geäußert hatte, von seinen Kollegen bei der Gestapo angezeigt worden war. Er wurde verhaftet und 1944 hingerichtet. Ihm zu Ehren wurde nicht nur das Haus, sondern auch eine Leipziger Straße nach ihm benannt.

Heute ist das Grundstück ein vielfältiger Kultur- und Lebensraum. Kreative Kurse, philosophische Abende, Gesangsunterricht, ein Büchertauschregal, oder auch einfach die Möglichkeit, nach der Arbeit mit den Kindern auf dem kleinen Spielplatz zu entspannen, es sich im Sommer im Biergarten gemütlich machen oder die Skulpturen im angrenzen Garten zu bewundern, machen das Budde-Haus zu einem beliebten Anziehungspunkt im Stadtteil.

Adresse Lützowstraße 19, 04157 Leipzig, www.budde-haus.de | ÖPNV Tram 12, S-Bahn 3, Haltestelle S-Bahnhof Gohlis | Öffnungszeiten Der Kunstgarten ist täglich geöffnet, der Biergarten öffnet Mai–Sept. | Tipp Ein Ausflug zum Schloss Merseburg, um dort die Raben zu besuchen.

7 Das Café Kandler

Die Wildparkgaststätte

Seit 1904 ist der Wildpark in Leipzig ein Ort für die Erhaltung bedrohter Tierarten, Ausflugsziel von Familien und Erholungsraum für Spaziergänge und ausgiebige Fahrradtouren. Rehe, Luchse, Elche, Waschbären, Wildschweine und noch ungefähr 20 weitere Tierarten kann man zwischen den Bäumen entdecken, und sich danach am Wochenende in der Wildgaststätte aufwärmen. Diese gibt es schon seit vielen Jahrzehnten, genauer gesagt seit den 1970er Jahren. Viele Leipziger verbinden Erinnerungen an Hochzeiten, Geburtstagsfeiern oder Ausflüge mit den Großeltern mit der Gaststätte. Inzwischen ist das stadtbekannte Café Kandler hier heimisch geworden. Seit 1989 sind die Häuser der Cafékette bekannt für ihre Kuchen, Kaffee- und Teespezialitäten und für die Leipziger Lerchen sowie die Bachtaler. Letztere werden im Original nur von den Konditoren des Café Kandler hergestellt. Der Bachtaler ist eine sächsische Konditorenkunst, die für das Bach-Jahr 2000 eigens kreiert wurde und seither geblieben ist.

Neben alldem gibt es im Wildpark auch kleine Imbissspeisen, Prosecco oder frisch gezapftes Bier und natürlich große Eisbecher. Wer dabei auf der Terrasse sitzt, die Sonne genießt und in den grünen Park schaut, spürt die Wochenenderholung am ganzen Körper. Denn der Wildpark ist nicht nur lehrreich, sondern vor allem auch sehr erholsam. Weitläufige Wanderwege führen durch das Gelände, Picknickplätze laden zum Verweilen ein, und der neu renovierte Spielplatz bietet Unterhaltung auch für die jüngsten Besucher.

Aber nicht nur erholen kann man sich hier. Es gibt ja noch die Tiere. Deren artgerechte Haltung steht im Zentrum des Wildparks. Die Gehege sind so gestaltet, dass die Tiere ausreichend Platz, eine natürliche Umgebung und zahlreiche Versteckmöglichkeiten haben. Die Verantwortlichen arbeiten gemeinsam Hand in Hand, um das Wohlergehen der Tiere jederzeit sicherzustellen. Mit einem guten Kaffee in der Hand lässt sich das gleich noch viel besser genießen.

Adresse Koburger Straße 12, 04277 Leipzig, www.cafekandler.de/wildparkgaststaette | ÖPNV Bus 70, Haltestelle Wildpark | Öffnungszeiten Imbiss täglich ab 11 Uhr, Restaurant Sa, So 11.30–18 Uhr | Tipp Das Café Kandler gibt es auch im Zoo Leipzig: Direkt am Bärenburg-Spielplatz.

8 Die Candlelight-Konzerte

In der Peterskirche Leipzig

»Candlelight-Konzerte« sind besondere musikalische Veranstaltungen, die durch ihre intimere und stimmungsvollere Atmosphäre geprägt sind. Diese Konzerte finden oft an eher besonderen Veranstaltungsorten statt. Hunderte Kerzen flackern an diesem Abend in der Kirche, die Zuschauer halten ihr Glas Weißwein in der Hand und flüstern leise miteinander. Dann betreten die Musiker die Bühne. Sie spielen zwischen den Kerzen. Coldplay oder Abba, Tschaikowsky oder Vivaldi.

In über 100 Städten haben inzwischen mehr als drei Millionen Besucher und Besucherinnen dieses Erlebnis miteinander geteilt. Das Kerzenlicht schafft eine einzigartige Atmosphäre, die zur Entspannung und Konzentration auf die Musik beiträgt.

Die Musiker stammen aus der ganzen Welt, die Ensembles sind immer wieder neu, genau wie die Austragungsorte. Dabei besucht man spektakuläre Orte, die mit ihrem einzigartigen Ambiente ein unvergessliches Erlebnis bereiten. In Leipzig ist das zum Beispiel in der Peterskirche. Die neugotische Kirche ist eine der größten im Raum Leipzig und sticht durch ihre besondere Bauweise besonders hervor. 1885 wurde sie geweiht, mit 88,5 Metern besitzt sie bis heute den höchsten Kirchturm der Stadt. Viele engagierte Menschen haben in der Vergangenheit die Peterskirche vor dem Abriss bewahrt und immer wieder instandgesetzt. Die Kirche trägt noch sichtbar ihre Vergangenheit, aber genau das macht den Charme dieser Stadtkirche aus.

Die beschränkte Zuschauerzahl bei Candlelight-Konzerten trägt dazu bei, dass die Veranstaltung besonders intim wird. Künstler haben oft die Gelegenheit, eine persönliche Verbindung zum Publikum herzustellen, und Zuhörer können die Musik auf eine sehr persönliche Weise erleben. Diese schönen Konzerte sind ein besonderes und neues Phänomen, erfreuen sich aber stetig wachsender Beliebtheit. Was wiederum absolut verständlich ist.

Adresse Schletterstraße 5, 04107 Leipzig, www.candlelightexperience.com/de | ÖPNV Tram 10, 11, Haltestelle Hohe Straße | Öffnungszeiten Veranstaltungen auf der Website einsehbar | Tipp Frühstücken im Café Maître.

9 Die Deutsche Nationalbibliothek

Das Gedächtnis der Nation

Seit 1913 wird in Deutschland alles gesammelt, was in Deutschland und über Deutschland publiziert wird. Ein zweiter Standort liegt in Frankfurt am Main. Das 111-jähriges Jubiläum wurde im vergangenen Jahr gefeiert. Zur Deutschen Nationalbibliothek gehören in Leipzig ein Museum und ein Archiv und sie bietet mit verschiedenen Lesesälen auch einen ruhigen Recherche- und Studienort. Die Lesesäle bieten für Besucher auch einen Gang durch die Geschichte: Es gibt Freischwinger-Stühle, aber auch Lampen im DDR-Stil. Je nach Belieben kann man sich einen der acht Säle zum Lernen, Lesen und Studieren aussuchen. Über 500 Lesesaalplätze sind vorhanden.

Eine Cafeteria hat immer ausreichend Kaffee zur Verfügung und wer mag, kann auch dem Deutschen Buch- und Schriftmuseum einen Besuch abstatten. Es wurde 1884 gegründet und gilt als Forschungs- und Vermittlungsort mit eigener Museumspädagogik.

Die Nationalbibliothek wird immer wieder erweitert, schließlich muss ja jede Zeitschrift, jedes Buch archiviert werden, insgesamt circa 46 Millionen. Inzwischen ergeben die Inhalte der Magazingebäude in Leipzig, würde man sie aufrollen, sieben Fußballfelder. Jährlich gibt es allein in Leipzig einen Zuwachs von drei Kilometern und jeden Tag allein 1.900 analoge Medienwerke, die in der Deutschen Nationalbibliothek ankommen. Seit 2006 werden auch elektronische Publikationen gesammelt.

Auch die Ausstellung des Deutschen Musikarchivs ist beeindruckend und bietet neben einigen gezeigten früheren Instrumenten und dem Hören von Musikträgern auch einen beeindruckenden Blick über die Stadt. Das ganze Gebäude ist hochprofessionell, sodass den Büchern, Karten und allem, was jemals produziert wurde, kein Schaden zugefügt werden kann. Weil die Aufnahmekapazität ausgeschöpft sind, ist der Bau eines neuen Erweiterungsbaus geplant.

Adresse Deutscher Platz 1, 04103 Leipzig, www.dnb.de | ÖPNV Tram 2, 16, Bus 74, Haltestelle Deutsche Nationalbibliothek | Öffnungszeiten Mo–Sa 9–22 Uhr, Nutzung kostenfrei nach Registrierung, Führungen werden über die Website angeboten | Tipp Ein Ausflug in den Botanischen Garten und dort ins Schmetterlingshaus lohnt sich.

10 Der Dölitzer Schacht

Das vergessene Wahrzeichen

Das ehemalige Braunkohle-Bergwerk »Dölitzer Schacht« ist ein Kulturdenkmal der Stadt Leipzig und das letzte für die Öffentlichkeit zugängliche Zeugnis des Braunkohletiefbaus in Mitteldeutschland. Zudem ist es einer der letzten Zeitzeugen für den Braunkohletiefbau in ganz Europa. Der Dölitzer Schacht ist eigentlich auch ein recht vergessenes Wahrzeichen des ehemaligen Industriestandorts Dölitz.

Die letzte Kohle wurde hier 1959 gefördert. Heute sieht man noch ein Fördergerüst, ein Schachthaus, einen Fördermaschinenraum und Dampfkessel. Das alles steht unter Denkmalschutz und ist Teil der »Mitteldeutschen Straße der Braunkohle«. Die Schachtanlage ist riesengroß, wird heute aber als Landschaftsschutzgebiet genutzt. Die Siedlungen konnten sich damals ja nur um die weiten Senkungsfelder der Braunkohle entlang gründen. Daher befinden sich jetzt hier ein Park und Kleingartenanlagen. Mitten in der Stadt, in einem Park befindet sich also ein Industriegebiet, an dem man mit dem Rad auch unachtsam vorbei radeln könnte.

1894 fanden erste Probebohrungen auf dem damaligen Dölitzer Rittergut statt. Man fand einen zwölf Meter mächtiges Braunkohleflöz. Ein Jahr später ging es los: Die Kumpel gruben einen 73 Meter tiefen Förderschacht und einen 68 Meter tiefen Wetterschacht. Zu Spitzenzeiten förderten 300 Kumpel 150.000 Tonnen Rohbraunkohle. Ab 1905 bemerkte man auftretende Geländesenkungen bis zu 6,5 Metern. Das führte zu einer Veränderung der Landschaft. Es bildeten sich sumpfige Flächen und Teiche, die man mitunter bis heute noch sehen kann.

Der ehemalige Kohlebunker, der direkt an der Friederikenstraße steht, wurde in der DDR komplett umgebaut und viele Jahre als Labor- und Büroraum genutzt.

»Glück auf!« steht heute noch als Gruß an der Wand. So etwas erwartet man normalerweise nicht im Leipziger Flachland. Dieser Tagebau ist Leipzigs einziger Sachzeuge des Tagebaus.

Adresse Zum Dölitzer Schacht, 04279 Leipzig | ÖPNV Tram 11, Haltestelle Friederikenstraße | Öffnungszeiten von außen jederzeit, ab und zu öffnet der Ort zum Tag der Industriekultur seine Türen | Tipp Der Aussichtspunkt auf der Asche bietet einen Rundumblick auf Lößnig und ist auch ein toller Startpunkt zum Rodeln.

11 Der Dornröschenturm

Einen Tag Dornröschen sein

Auf dem Weg zum Schlosshof muss man erst mal an den drei Braunbären Bea, Benno und Jette vorbei, die im ehemaligen Schlossgraben leben. Diese geretteten Bären leben hier aufgrund einer uralten Tradition aus dem 16. Jahrhundert, als der damalige Kurfürst gern zur Jagd ging und auf Bären dabei sein besonderes Augenmerk legte. Der »Große Wendelstein«, der bekannte Dornröschenturm, sticht direkt ins Auge, wenn man in den Schlosshof tritt. Der heißt so, weil der damalige DEFA-Dornröschen-Film 1971 genau hier gedreht wurde.

Wer mag, kann den Turm sogar betreten und nach oben laufen. Noch höher hinauf geht es direkt daneben im Hausmannsturm. 163 Stufen muss man besteigen und wird mit einem phantastischen Ausblick über die Elbe belohnt.

Vier Dauerausstellungen und zwei Sonderausstellungen gibt es aktuell. Eine von ihnen handelt von Kurfürst Johann Friedrich und seiner Gemahlin, die beide, aufwendig digitalisiert, durch ihre eigenen ehemaligen Gemächer führen. Sie zeigen, wie ihr alltägliches Leben am Hof ablief, wie sie gelebt haben und sprechen über die Baugeschichte des Schlosses. Von einem Zimmer geht es direkt auf eine kurfürstliche Empore in die Schlosskirche. Torgau war damals Machtzentrum der Reformation, Martin Luther weihte hier die erste evangelische Kirche ein.

Ein anderer Raum illustriert durch eine Kanone, die man mit Munition beladen kann und Schießscharten, wie sehr Torgau sich im späten 18. und 19. Jahrhundert militärisch verteidigen musste. Die Explosion der Kanone ist animiert, aber durch den metallischen Klang der Kugeln auf ihren Bahnen durch den Raum, kann man sich vorstellen, wie es damals hier gewesen sein muss.

Auch die anderen, dauerhaften und Sonderausstellungen im Schloss, sind sowohl unterhaltsam als auch informativ. Die multimedialen und interaktiven Inszenierungen machen sie für alle Altersklassen interessant.

Adresse Schloßstraße 27, 04860 Torgau, www.schloss-hartenfels.de | **ÖPNV** Bus 759, Haltestelle Torgau, Straße der Jugend | **Öffnungszeiten** April–Okt. Di–So 10–18 Uhr, Nov.–März 10–16 Uhr | **Tipp** In Torgau das Gelände der Landesgartenschau 2022 besuchen.

12 Die Eisdiele Pfeifer

Eis essen wie früher

Die Eisdiele liegt im Leipziger Süden und diente schon dem einen oder anderen Filmdreh als Kulisse. Die dunkelbraunen Holzstühle, die Wände mit Blümchentapete, das DDR-Geschirr, ja, das ganze Ambiente sind so authentisch, dass man den Eindruck bekommt, einige Jahrzehnte zurück in die untergegangene DDR zu reisen.

Horst Pfeifer eröffnete das Eiscafé 1953. Damals musste er noch Kakaoschalen auskochen, um Schokoladeneis herstellen zu können. Das ist heutzutage nicht mehr notwendig, aber das Familienunternehmen hält trotzdem die Tradition aufrecht und stellt morgens ihr Eis nach den alten Rezepten und den besten Zutaten in richtigen Eiskübeln her. Das Eis wird mit einem großen Löffel geschöpft und in der von früher bekannten muschelförmigen Waffel über den Tresen gereicht.

Klassische Sorten gibt es hier: Schokolade, Vanille und Erdbeere. Hinzu kommen noch ein paar wenige andere Sorten Eis. Das Wichtigste aber: Das Eis kommt ohne Geschmacksverstärker daher und wer lieber selbst gebackenen Kuchen, frische Waffeln oder heiß aufgebrühten Kaffee haben möchte, kommt bei Pfeifer auch auf seine Kosten.

Die Bewohner der Südvorstadt kommen aus nostalgischen Gründen in die Eisdiele an der Ecke. Oder wegen des Kult-Status. Aber auch, weil das Eis stadtbekannt lecker ist und man entweder auf dem Straßenfreisitz oder auf den breiten Fensterbänken gemütlich sitzen, entspannen und genießen kann. Selbst als das Haus 1997 renoviert wurde, blieb der Laden weitestgehend unberührt. Und genau das macht heute seinen Charme aus.

2007 sind die letzten Betreiber mit dem Namen Pfeifer in Rente gegangen. Die neue Besitzerin Melanie Melitz, ist eigentlich Architektin, führt die Eisdiele aber nun mit viel Herzblut und Liebe als Familienunternehmen weiter. Sie hat selbst schon als Kind regelmäßig in der Eisdiele genascht und hält die Tradition weiterhin aufrecht.

Adresse Kochstraße 20, 04275 Leipzig | ÖPNV Tram 10, 11, Haltestelle Südplatz | Öffnungszeiten Mo–Fr 12–18 Uhr, Sa, So 13–18 Uhr | Tipp In der Eisbrennerei gibt es alkoholisches Cocktaileis.

13 Der Erker

Qui percussus aspexit eum, vivet

In der Leipziger Innenstadt, am Marktplatz gelegen und doch etwas versteckt, befindet sich Barthels Hof. Er ist der letzte Hof in Leipzig, der noch nahezu im Originalzustand erhalten ist. Es ist ein sogenannter Durchhof, da früher zu Messezeiten die Fuhrwerke hineinfuhren, ihre Waren abluden und wieder hinaus fuhren. Sie mussten dazu nicht wenden.

Barthels Hof erstreckte sich vom Marktplatz bis zur Kleinen Fleischergasse und ist heute noch eine der Sehenswürdigkeiten der sächsischen Stadt. Er ist aber auch Teil der Konkursmasse des bekannten Baulöwen Jürgen Schneider, der im hochgradigen Stil Immobilien renovierte und sich dadurch so verschuldete, dass er 1994 aufsehenerregend öffentlich pleiteging und 1995 wegen Betrugs verhaftet wurde.

Um den Hof ordnen sich vierstöckige Häuser an, es gibt noch zwei Läden, bei denen man die früheren Verkaufsgewölbe im Originalzustand sehen kann. Damals wurden hier Perücken verkauft, Reifröcke und Accessoires. In den oberen Geschossen waren Wohnungen und in den Dachgeschossen Warenspeicher untergebracht. Bis heute kann man das an den Kranbalken erkennen, die zum Emporziehen der Güter dienten.

1870 wurde der zweistöckige Erker, der zur Marktseite hin gebaut worden war, an die Hofseite verlegt. Dieser stammt sogar noch aus dem Jahr 1523 und ist das älteste erhaltene Fragment einer Bürgerhausfassade in Leipzig. Das Haus war damals für eine Kaufmannsfamilie erbaut worden, deren Wappen noch auf dem Erker zu erkennen ist. Die goldene Schlange, die sich um das Kreuz windet, war die Namensgeberin des Hauses. Die lateinische Inschrift stammt aus dem 4. Buch Mose der Bibel. Hier spricht Gott zu Mose, er solle sich eine Schlange machen und an einer Stange hoch aufrichten.

Heute befinden sich in Barthels Hof zahlreiche Geschäfte und das Restaurant »Barthels Hof«, indem man typisch sächsisch essen kann.

Adresse Hainstraße 1, 04109 Leipzig, www.barthels-hof.de | ÖPNV S-Bahn S 1-S 6; Bus 89, Haltestelle Markt | Öffnungszeiten Der Durchgangshof ist dauerhaft öffentlich zugänglich, das Restaurant öffnet Mo–So 11.30–22 Uhr. | Tipp Das in Marktnähe gelegene Salzgässchen ist ein Zeuge des früheren Salzhandels in Leipzig.

14 Das ernte-mich

Ökologisch ernten

In Liebertwolkwitz, etwas versteckt, tut sich ein großes Gelände auf. Einen kleinen Teich gibt es, Streuobstwiesen, Blumenfelder, Gemüsebeete, Gewächshäuser sowie die Möglichkeit, für Besucher in der Stadt ökologisch nachhaltig einkaufen und anpflanzen zu können.

Richard Hagedorn ist eigentlich Diplombauingenieur und hatte schon immer eine Leidenschaft für die Gartenarbeit. Sie ließ ihn nicht los, also begann er 2013 damit, sich auf die Existenzgründung im ökologischen Gartenbau vorzubereiten. Er wollte sich gern selbst versorgen, es begann mit einem Anbau auf seinem eigenen Balkon. Hagedorn überlegte, sich einen Kleingarten zuzulegen und danach, vielleicht mit mehr Menschen, eine noch größere Fläche zu bepflanzen. In seinem Kopf keimte die Idee für ernte-mich.

Nachhaltige Erzeugung von Lebensmitteln: Dafür brennt sein Herz. Bei ernte-mich verzichtet man nicht nur auf chemische Dünger und Pestizide, sondern achtet auch darauf, die Artenvielfalt im Boden und in der Umgebung zu fördern und die regionale Landwirtschaft zu stärken. Dünger produziert ernte-mich auf demselben Grundstück, für die Bewässerung nutzen sie zum großen Teil Regenwasser. Arbeitsprozesse zu etablieren, die möglichst naturgetreu ablaufen, das ist das Ziel.

Ernte-mich ist ein ökologischer Landbau für alte und teilweise auch seltene Obst- und Gemüsesorten. Es bietet den Bewohnern in Leipzig Mietbeete an, sodass jeder, der möchte, seine eigenen Früchte anbauen und ernten kann. Wer mag, kann auch die Bio-Kiste bestellen oder auf dem Markt in Leipzig zweimal pro Woche das frisch geerntete Obst und Gemüse kaufen. Zu den Öffnungszeiten ist es möglich, ernte-mich auf dem Gelände zu besuchen. Auch Hoffeste finden regelmäßig statt. Dann werden Jungpflanzen verkauft, regionale Lebensmittel-Produzenten haben Stände parat, die Ernte wird gemeinsam gefeiert, dazu gibt es Spiele für Groß und Klein.

Adresse Großpösnaer Straße 71, 04288 Leipzig, www.erntemich.de | ÖPNV S-Bahn RE 6; Bus 75, 690, Haltestelle Liebertwolkwitz, Störmthaler Straße | Öffnungszeiten ab April Do–Fr 10–18 Uhr, Sa 10–13 Uhr | Tipp Das Gartenprojekt Kleine Beete e.V. befindet sich im Nordosten von Leipzig.

15 Die Fischer-Art

Freiheitsdrang in Schleußig

Der Künstler Michael Fischer ist in Leipzig und darüber hinaus bekannt für seine großen, bunten Kunstwerke an vielen Hausfassaden der Sachsenmetropole. Sein neuestes Werk hängt in Schleußig an einer großen Hauswand. 300 Quadratmeter ist es groß. Ein Polizeiauto steht in Flammen, Menschen sitzen hinter Gitterstäben, bei dem einen Fenster sind die Stäbe durchgeschnitten. Spongebob Schwammkopf rennt schreiend davon. Den hat ein Graffiti-Künstler bereits früher dort platziert, der Fassadenmaler hat ihn in sein Bild integriert.

Michael Fischer, mit Künstlernamen Michael Fischer-Art machte nach der Wende sein Abitur und studierte an der Hochschule für Grafik und Buchkunst in Leipzig. Er arbeitet mit starken Farben und großen Flächen, seine Figuren sind oft comicartig, aber er zeichnet auch realistische Porträts. Weltweit hat er über 100 Gebäude künstlerisch gestaltet, und auch kaum ein anderer Künstler hat weltweit so viele Flächen, Spielplätze, Brücken und vieles mehr bemalt, wie er. Sie sind immer bunt und auffällig, und wahre Publikumsmagnete.

Mit seiner Kunst macht Fischer stets auf sozialkritische Themen aufmerksam. Dabei fühlt er sich seiner Heimatstadt immer verbunden. In einigen seiner Wandmalereien tauchen zum Beispiel Bach und Goethe, aber auch die Popmusiker der Leipziger Gruppe »Die Prinzen« auf.

In der Rödelstraße, in der Michael Fischer-Art sein neues Kunstwerk an die Hauswand bringt, waren in der NS-Zeit zwei Wohnlager für Zwangsarbeiter angelagert. Die Allgemeine Transportanlagen GmbH produzierte hier in Massenfertigung Flugzeugteile, vor allem für den Bomber JU 88. Männer ganz verschiedener Nationalitäten waren hier untergebracht und zur kriegswichtigen Arbeit gezwungen worden. Das neue Kunstwerk von Fischer-Art in Schleußig symbolisiert den Freiheitsdrang der Menschen, und ist damit vielleicht auch ganz und gar nicht zufällig gewählt.

Adresse Rödelstraße, Ecke Pistorisstraße, 04229 Leipzig, www.fischer-art.de | ÖPNV Tram 1, 2, Bus 60, 74, Haltestelle Rödelstraße | Öffnungszeiten dauerhaft von außen zu besichtigen | Tipp Das Fischer-Art-Haus in Leipzig an der Karl-Liebknecht-Straße besuchen.

16 Der Fliegerclub

Hoch über den Wolken

Seit mehr als 80 Jahren können Jugendliche und Erwachsene in Taucha fliegen lernen und sich den Traum erfüllen, selbst über den Wolken zu schweben und sich schwerelos fühlen zu können. Denn was kann es Schöneres geben, als seine Zeit in der Luft zu verbringen?

Der hiesige Verein Fliegerclub Leipzig/Taucha e. V. wurde erst nach der Wende gegründet. Den Flugplatz gibt es allerdings schon viel länger, er gilt als einer der Ältesten in Deutschland und ist sogar das zweitälteste Segelfluggelände Deutschlands. Schon mit 16 Jahren kann man hier eine Segelfluglizenz erwerben. Es gibt kein Höchstalter, so kann man auch mit 60 Jahren noch Segelfliegen lernen.

Die Segelflieger steigen bis zu 600 Meter hoch in die Lüfte. Während sie früher aus Holz gebaut wurden, bestehen sie heute aus Glasfaserkunststoff. Bei den ersten Malen, in denen man im Flieger sitzt, lernt man erst einmal nur, geradeaus oder Kurven zu fliegen. Später kommen Start und Landung dazu. Tatsächlich ist es möglich, alles, was man können muss, in einer einzigen Flugsaison zu erlernen. Bis zur Lizenz dauert es aber zwei bis drei Jahre. Die Flugsaison dauert von April bis Oktober an. Im Winter findet die theoretische Ausbildung statt, denn von Meteorologie bis Fluglehre muss alles erlernt werden. Auch ein Funksprechzeugnis muss man erwerben, um mit dem Tower kommunizieren zu können.

Wer Interesse hat, kann sich an einem Wochenende oder Feiertag bei guten Wetterverhältnissen in der Flugsaison neben einen erfahrenen Piloten in den Flieger setzen und gemeinsam mit ihm die Erde von oben betrachten. Dafür braucht es keine Anmeldung. Das Gewicht des Gastes sollte zwischen 50 und 100 Kilogramm liegen. Der Schnupperpreis kann vor Ort bezahlt werden, er ist auf der Website zu finden. Die Dauer des Rundfluges mit Segelflugzeugen ist ganz von der Thermik abhängig. Er kann fünf Minuten dauern oder eine Stunde lang.

Adresse Am Schwarzen Berg 1, 04425 Taucha, www.fclt.de | ÖPNV Bus 195, 197, Haltestelle Taucha, Schwarzer Berg | Öffnungszeiten Flugbetrieb findet nur am Wochenende und an den Feiertagen statt, in den sächsischen Ferien manchmal auch wochentags. An diesen Tagen ist immer ein Fluglehrer vor Ort, der verantwortlich ist für die Ausbildung. | Tipp Auf der Karl-Heine-Straße gibt es ein Oldtimermuseum.

17 Der Fockeberg

Sonnenuntergang und Feuerwerk

Der Fockeberg ist kein Berg im eigentlichen, herkömmlichen Sinne. Natürlich nicht, denn in und um Leipzig gibt es kein Gebirge. Den Fockeberg zu besteigen kann sich jedoch tatsächlich wie eine kleine Bergwanderung anfühlen. Manch einer radelt oder joggt sogar nach oben, nimmt am Fockeberglauf teil oder feuert einmal jährlich im Sommer verrückt aussehende Seifenkisten beim Prix de Tacot der naTo (siehe Ort 65) an, die unter begeisterten Anfeuerungen den Berg um die Wette hinunterbrettern.

Der »Berg« ist eigentlich eine Trümmerkippe aus dem Schutt der Stadt Leipzig. Er ist 153,3 Meter hoch, und benannt nach einem Kaufmann namens August Adolf Focke, welcher der Stadt viel Geld stiftete. 1947 wurden zum ersten Mal Trümmer auf die damaligen Bauernwiesen geschüttet. Als alle anderen Bruchfelder und Deponien voll waren, blieben nur noch die Bauernwiesen übrig. Also transportierte man den Schutt dorthin. Ein Teil wurde später für den Bau des Zentralstadions, die heutige Red Bull Arena (siehe Ort 75), genutzt.

Erst in den 1980er Jahren begann man, den Berg zu begrünen. Wege wurden angelegt und Bänke aufgestellt. Auch ein Eingangsbereich wurde gestaltet. Inzwischen ist der Fockeberg Teil des Naherholungsgebiets. Von oben aus hat man einen phantastischen Blick über die Stadt. Das Feuerwerk zu Silvester kann man hier gut überblicken, und die Sterne leuchten doppelt so schön. Hier, hoch über den Alltagssorgen und dem Trubel der Stadt, findet man Ruhe und Frieden, um die Gedanken schweifen zu lassen.

Mit der untergehenden Sonne verwandelt sich der Fockeberg in einen Ort der Magie. Picknickdecken werden ausgebreitet, Grilldüfte, Gelächter und Musik erfüllen die Luft, und die Stadt leuchtet im warmen Licht der Abenddämmerung. Gläser klirren und man weiß: Das ist die besondere Atmosphäre von Leipzig; so fühlt sich einzig und allein nur diese, unsere Stadt an.

Adresse Fockestraße (Zugang etwa auf Höhe Nr. 41), 04275 Leipzig | ÖPNV Bus 60, 74, Haltestelle Fockestraße | Öffnungszeiten rund um die Uhr zugänglich | Tipp Beim Hörspielsommer am Richard-Wagner-Hain entspannen.

18 Frysk Skeelpepad

Zwischen Backstein und Gartenhaus

Nach einem Artikel in einer großen deutschen Zeitung von Andreas Platthaus hatte man plötzlich für die beiden Worte »Frysk Skeelpepad« einen Ort in Leipzig vor Augen. Der so benannte Muschelpfad befindet sich hinter der Galerie für Zeitgenössische Kunst. Diese besteht aus drei Gebäuden: Der alten Villa, dem Neubau und einem Gartenhaus. An letzterem befindet sich ein Messingschild, das erklären soll, wieso mitten in Leipzig ein Stück Nordsee zu finden ist. Im Rahmen eines Ausstellungsprojekts der Galerie für Zeitgenössische Kunst Leipzig (GfzK) haben Künstler 2015 Muscheln vom niederländischen Friesland mit nach Leipzig gebracht. Wie es der Name des Pfades schon vermuten ließ.

Der Muschelweg ist kurz und doch viel länger als man denkt. Es knirscht unter den Sohlen, beinah möchte man kaum auftreten, um die gesammelten Kostbarkeiten keinesfalls zu zerstören. Es geht vorbei an spitzen Brombeersträuchern, Efeu und Brennnesseln. Da der Garten Teil der Ausstellungsfläche der GfzK ist, wird dieser, genauso wie der Weg, regelmäßig gepflegt. Er führt von der Karl-Tauchnitz-Straße bis zur »Backstube«, einer beliebten Bäckerei, bei der meist eine Schlange Menschen geduldig wartet.

Mitten im Nirgendwo, verborgen vom Dickicht, steht man auf einer Kunstinstallation, die einem das Gefühl gibt, ganz weit weg zu sein. Man hört zwar das Murmeln der Menschen in der Schlange, Kinder, die auf der Schaukel hin- und herschwingend lachen und einzelne Gesprächsfetzen, die Freunde und Arbeitskollegen miteinander wechseln, während sie ihren Kaffee auf einem der Bänke oder auf der Wiese trinken. Und doch befindet man sich in einer eigenen Welt aus Grün.

Es ist fast surreal, aus dem dicht bewachsenen Weg wieder herauszutreten. Fast meint man, einen kostbaren Schatz gefunden zu haben. Einen Ort, der so geheim und wundervoll ist, dass ihn doch jeder kennen müsste und sollte.

Adresse Karl-Tauchnitz-Straße 9–11, 04107 Leipzig | ÖPNV Tram 2, 8, 9, 14, Bus 89, Haltestelle Neues Rathaus oder Wächterstraße | Öffnungszeiten dauerhaft geöffnet | Tipp Das Grasfeld hinter dem Backstein besuchen.

19 Die Fummelei

Fummtionales für Leipzig

Pia Neumann ist Diplom-Designerin, hat im Bereich Kommunikationsdesign gearbeitet und bringt ihre bunte, vielseitige Welt mit in den Leipziger Osten. 2013 kam sie nach Leipzig und hatte den Wunsch, Kultur zu schaffen, die man sich leisten kann und andere Menschen an ihrer Freude zum Leben, ihrer Sammelleidenschaft und ihrer Liebe zur Mode teilhaben zu lassen.

Das gelingt ihr großartig in ihrem poppigen Vintageladen, der »Fummelei«. Hier bietet sie viel Secondhand-Kleidung an, und sieht darin einen nachhaltigen Ansatz. Man findet auch Unikate und von ihr angefertigte Produkte von Streetwear über Schmuck und Poster. Auch anderen jungen Designer*innen bietet Pia die Möglichkeit, sich sichtbar zu machen und ihre Arbeiten anzubieten. Sie mixt alle Zeitalter zusammen, druckt vor Ort, stellt Postkarten und Notizbücher selbst her. Ihre Begeisterung ist ansteckend.

Außerdem kann man Graphic Novels, Spiele, und alles, was schön ist und das Herz begehrt, kaufen. In der Fummelei findet man Dinge, von denen man vorher nicht wusste, dass es sie gibt und das man sie braucht. Es gibt viele kleinteilige Sachen und wunderschöne Fummel, die dem Geschäft seinen Namen verleihen.

In verschiedenen und vielseitigen Workshops kann man sogar selbst kreativ werden und sich Inspirationen holen. An den Wochenenden lernt man Risographie oder Illustrationen und kann dann in der Fummelei selbst Etiketten und Postkarten produzieren. Bei der Risographie nutzt man ein nachhaltiges Druckverfahren mit Soja-Öl-Farben und Hanfpapier. Die beiden Drucker von 1992 stehen Privatpersonen, aber auch kleinen Unternehmen zur Verfügung.

Pia mixt sehr gekonnt durch ihr Wissen und ihre Erfahrung ausgewählte Trends der vergangenen Jahrzehnte mit hausgemachtem Design und aktuellen Lieblingen und coolsten Berlin-Vibes. Ihr Laden macht Lust auf mehr und ist einzigartig in Leipzig.

Adresse Eisenbahnstraße 120, 04315 Leipzig, www.fummelei.com | ÖPNV Tram 1, 2, 3, 4, 7, Haltestelle Torgauer Platz | Öffnungszeiten Di–Sa 13–19 Uhr | Tipp Die Kulturapotheke (KuApo) besuchen und das nostalgische Flair genießen.

20 Das Galerie Hotel

Hier schlafen Sie mit einem Original!

Leipzig, eine Stadt, die für ihre kulturelle Vielfalt bekannt ist, birgt ein besonderes Juwel für Kunstliebhaber. Und das ausgerechnet in einer Querstraße der Eisenbahnstraße, genau dort, wo man in Leipzig nicht als Erstes danach suchen würde. Dort entdeckt man ein weltweit einzigartiges Kunsthotel und Museum. Das Galerie Hotel Leipziger Hof bietet neben dem üblichen Standard eines 4-Sterne-Hotels auch eine einzigartige Kunstsammlung aus Leipzig für seine Gäste an.

Jedes Zimmer im Galeriehotel ist einem bestimmten Künstler oder Kunststil gewidmet. Von abstrakter Moderne bis hin zu surrealen Meisterwerken bietet das Hotel eine einzigartige Kunstgalerie im Hotelzimmer. In allen 73 Gästezimmern und Suiten hängen über 500 Originale von Leipziger Künstlern und mehr als 300 Werke der Leipziger Schule und der Neuen Leipziger Schule. Tübke, Mattheuer, Neo Rauch – sie alle sind hier vertreten. Der ehemalige Besitzer und Gründer des Hotels, Klaus Eberhard, besaß die größte private Sammlung von Gemälden der Leipziger Schule und der Neuen Leipziger Schule.

Besonders beeindruckend und auch etwas skurril, aber im Besten Sinn, ist die DDR-Suite, die Besucher seit 2010 im Hotel mieten können. Die DDR-Möbel ersteigerte der Eigentümer bei einer Auktion. Sie stammen aus dem früheren Gästehaus des Politbüros der SED.

Das Galeriehotel verfügt auch über eine eigene Kunstgalerie, die regelmäßig zeitgenössische Kunstausstellungen präsentiert. Gäste können also nicht nur die Kunst in ihren Zimmern genießen, sondern auch durch die Galerie schlendern und sich von den neuesten Werken inspirieren lassen. Auch Vernissagen und Künstlergespräche werden regelmäßig initiiert und stehen Besuchern offen. Das Hotel vereint Übernachtung, Tourismus und Kunst zu einem unvergesslichen Erlebnis. Und dafür muss man auch nicht unbedingt viel Ahnung und Wissen von Kunst haben.

Adresse Hedwigstraße 1–3, 04315 Leipzig, www.leipziger-hof.de | **ÖPNV** Tram 1, 3, 8, Bus 70, Haltestelle Hermann-Liebmann-/Eisenbahnstraße | **Öffnungszeiten** Veranstaltungskalender beachten | **Tipp** Im Analog Café gibt es den wahrscheinlich besten New York Cheesecake der Stadt.

21 Der Garten des Czermak

28 Jahre Spektatorium

Johann Nepomuk Czermak kam 1869 aus Prag nach Leipzig und begann auf eigene Kosten, ein physiologisches Laboratorium zu bauen, Spektatorium genannt. Er war Professor für Physiologie an der Medizinischen Fakultät der Universität Leipzig. Es war ihm ein Anliegen, den Studenten anschauliche Vorlesungen bieten zu können, sodass er trockene Themen auch visuell veranschaulichen konnte. Da die Universität keinen Hörsaal dafür zur Verfügung hatte, baute er sich selbst einen.

Von dem Leipziger Architekten Gustav Müller ließ er sich nach seinen eigenen Ideen und nach seinen Recherchen das Laboratorium und Hörsaalgebäude errichten. Er benannte es nach dem lateinischen Wort für »schauen«. Auf dem restlichen Gelände legte er sich seinen privaten Garten an. Eher ein Haus- und Nutzgarten, kein Lustgarten, wie andere berühmte Leipziger ihn besaßen.

Im Dezember 1872 begann Czermak mit den Vorlesungen in seinem Spektatorium. Er öffnete sie für alle Studenten, allen, die an Wissen interessiert waren und besonders auch für Frauen.

Mit seiner Arbeit führte er beispielsweise den Kehlkopfspiegel ein. 400 Zuhörer konnten im Vorlesungssaal Platz finden und wer keinen Sitzplatz brauchte, konnte auch stehen bleiben. Der Saal war ansteigend angeordnet, sodass man gut von überall sehen und hören konnte. Wichtig war ein zentraler Vortrags- und Experimentierbereich. Es gab einen Raum mit Projektionsgeräten, so konnten Bilder an die Hörsaalwand projiziert werden.

Nach seinem Tod wurde eine Straße auf seinem Grundstück angelegt, seit 1893 trägt sie den Namen Czermaks Garten. Seine Witwe vermachte das Haus der Universität, wollte es aber gern an anderer Stelle originalgetreu wieder aufbauen lassen. Das Spektatorium wurde in die Brüderstraße versetzt, aber schon 1900 wieder abgerissen.

Sein Garten wurde aufgeteilt und bebaut. Heute ist es ein attraktives Wohnquartier im Leipziger Osten.

Adresse Czermaks Garten 2–4, 04103 Leipzig | ÖPNV Tram 1, 3, 8, Bus 72, 73, Haltestelle Hofmeisterstraße | Öffnungszeiten öffentlich zugängliche Straße | Tipp Apels Garten war einer der berühmten Barockgärten der Stadt Leipzig. In der Kolonnadenstraße gibt es ein Restaurant mit diesem Namen und sächsischer Küche.

22 Der Gasometer

Die größten Panoramen weltweit

Heute ein Fotohotspot, eine Konzertkulisse und ein beeindruckendes Bauwerk neben dem Panometer, damals Bestandteil des Gaswerkes 1 Leipzig, mit der Aufgabe, das produzierte Gas zwischen zu speichern und ins Netz einzuspeisen.

Georg Wundt war im 19. Jahrhundert der führende Gasfachmann und errichtete ein Gaswerk im Bereich der Eutritzscher Straße. 1929 wurde dort die Gasproduktion wieder eingestellt. Die Versorgung der Stadt übernahm ab diesem Zeitpunkt das Groß-Gaswerk Connewitz, also das heutige Panometer. Mit dem Gasometer ist das ganze Bauwerk gemeint, auch alle technischen Anlagen. Der Rundbau mit dem gelben Klinker und der Kuppel auf dem Dach ist heute ohne Fenster und Türen und somit auch der Witterung ausgesetzt. Das gesamte Bauwerk hat einen Durchmesser von ungefähr 45 Metern.

Das Panometer daneben ist ebenfalls ein ehemaliger Gasometer und heute ein Ausstellungsgebäude, in dem der Künstler Yadegar Asisi seit 20 Jahren Panoramabilder in beeindruckender Größe präsentiert. Der Name verbindet sich aus den Worten »Panorama« und »Gasometer«. Seine Bilder haben eine Länge von circa 110 Metern und sind 32 Meter hoch. Damit sind sie aktuell die größten Panoramabilder der Welt! Im Inneren steigt man ein Gerüst empor und kann die Details des Panoramas entdecken.

2002 begann die Sanierung des Panometers. Die defekten Fenster wurden blind verschlossen, und man errichtete zum benachbarten Gasometer hin ein gläsernes Foyer, indem sich heute auch ein kleines Bistro befindet.

Der kleinere Gasometer neben dem Panometer wurde später auch auf Initiative von Asisi saniert. Er nutzte diesen Gasometer für fotografische Aufnahmen von Personenszenen für sein Panoramabild zur Völkerschlacht. Unter der offenen Kuppel befindet sich eine Wiese und ansonsten Leere. Er ist für die Öffentlichkeit zugänglich und wird für Veranstaltungen und abendliche Konzerte genutzt.

Adresse Richard-Lehmann-Straße 114, 04275 Leipzig, www.panometer.de | ÖPNV Bus 74, Haltestelle S-Bahnhof MDR | Öffnungszeiten täglich 10–17 Uhr | Tipp Püchau ist das älteste Dorf in Sachsen und verfügt über ein bezauberndes Schloss.

23 Die Gedenktafel

Der Leipziger Richard Wagner

Ganz unscheinbar hängt eine Gedenktafel auf der Südseite der Höfe am Brühl. In der Nähe des Richard-Wagner-Platzes. Sie verweist auf Wagners Geburtshaus, das einst an dieser Stelle stand und 1886 abgerissen wurde. Auch wenn er später viel Zeit in anderen Ländern verbrachte und schließlich in Venedig starb, hinterließ der Musiker Spuren in Leipzig. Er gilt als einer der einflussreichsten und bedeutendsten Komponisten in der kulturgeschichtlichen Epoche der Romantik.

Wilhelm Richard Wagner wurde als neuntes Kind geboren, sein leiblicher Vater starb nur wenige Monate später an Flecktyphus. Er wurde in der Thomaskirche evangelisch getauft, verbrachte seine Kindheit aber größtenteils in Dresden. Dort entdeckte er seine Liebe zur Musik. Konfirmiert wurde er in der Dresdner Kreuzkirche.

Von 1828 bis 1830 besuchte der junge Wagner das Nikolai-Gymnasium in Leipzig. Die Aula wurde vor einigen Jahren restauriert und gilt als einziger erhaltener Wagner-Ort in Leipzig. Es gibt hier auch eine Dauerausstellung, die man sich anschauen kann. Ab 1831 studierte Richard Wagner Musik in der Universität in Leipzig und nahm Kompositionsunterricht beim damaligen Thomaskantor. Wagner begann zu komponieren und verzeichnete erste Erfolge. So wurde beispielsweise seine erste Ouvertüre in d-Moll im »Theater am Randstädter Tor« aufgeführt, das damals am heutigen Richard-Wagner-Platz stand. Hinter der Oper befindet sich am Schwanenteich seit 1983 eine Büste von Wagner, die von Max Klinger (siehe Ort 40) entworfen worden war.

Richard Wagner war Komponist und Hofkapellmeister, er war aber auch Exilant, flüchtete vor seinen Gläubigern und war beliebt beim bayerischen König Ludwig II. Er lebte unstet und dadurch in vielen verschiedenen Städten Europas. Schließlich gründete er das Bayreuther Festspielhaus, das ausschließlich seine eigenen Werke aufführen durfte und darf.

Adresse Brühl, 04109 Leipzig | ÖPNV Tram 1, 3, 4, 7, 9, 12, 15, 34, Bus 89, Haltestelle Goerdelerring | Öffnungszeiten dauerhaft geöffnet | Tipp Im Bürgerhaus am Marktplatz, das auch Königshaus genannt wird, lebte Richard Wagner als Schüler für einige Zeit bei seinem Onkel Adolf.

24 Das Geisterdorf

Wohnen mitten im Flughafen

1950 lebten in Kursdorf 537 Einwohner, bis 2003 noch circa 200 und 2015 nur noch derer zehn, jetzt lebt gar keiner mehr da. Eine der letzten Einwohnerinnen war Martha Höpfner, sie wohnte gleich neben dem ehemaligen Hotel und hatte freie Sicht auf den Flughafen. In den 1990er Jahren konnten die Kursdorfer noch über die Rollbahn neben dem kleinen Flughafen-Tower nach Schkeuditz laufen. Doch dann wurde der Flughafen Leipzig Anfang der 2000er Jahre europäisches DHL-Drehkreuz, es gibt kein Nachtflugverbot und der Flughafen wird bis heute immer weiter ausgebaut. Die Lärmbelästigung für die Kursdorfer war hoch, auch Schallschutzfenster und alle anderen Möglichkeiten, die der Flughafen bereit war zu investieren, um den Lärm und Kerosingestank erträglich zu machen, halfen nichts.

Viele Bewohner nutzten das Angebot und siedelten um nach Altscherbitz, alsbald Neu-Kursdorf genannt. Heute wohnt niemand mehr in Kursdorf. Verfallene Häuser, die verwaist im Nirgendwo stehen, die Gärten überwuchert. Und trotzdem, wenn man zwischen den ehemaligen Häusern steht, spürt man auch die früheren Geschichten von Glück und Trauer, die sich hinter den Mauern befinden. Kindheitszauber, Liebesbeziehungen und Abschiede hat dieser Ort erlebt. Am Westende des Ortes kann man noch etwas deutlich erkennen: Die denkmalgeschützte Feldsteinkirche von Kursdorf ist 700 Jahre alt und etwas ganz Besonderes: Sie ist aus Findlingen, Sandstein und Porphyr erbaut. Höchstwahrscheinlich wurde sie von deutschen Kolonisten ungefähr 1345 erbaut. Damals war das Gebiet sorbisch geprägt. In der Kirche befindet sich noch ein barocker Kanzelaltar und eine kleine Orgel, sogar noch eine mittelalterliche Glocke hängt im Kirchturm. Heute werden in dieser wundervollen kleinen Kirche immer noch zu den hohen Festtagen Gottesdienste gefeiert, aber auch Konzerte und Kunstprojekte veranstaltet. Dem Lärm des Flughafens zum Trotz.

Adresse Kursdorf, Schkeuditz | **Öffnungszeiten** dauerhaft geöffnet | **Tipp** Die katholische Kirche St. Trinitatis feierte früher Gottesdienste am Rosental. Jetzt zeugt nur noch der ehemalige Kirchturm von seiner früheren Nutzung.

25 Der gelbe Briefkasten

Auf einer winzigen Insel

Auf einer wirklich winzig kleinen Insel mitten auf dem Cospudener See ragt ein gelber Postbriefkasten aus dem Wasser. Und als wäre das nicht schon skurril genug, gibt es sogar einen Postmeister, der dafür verantwortlich ist, diesen einmal wöchentlich zu leeren, und die darin befindlichen Briefe in Umlauf zu bringen.

Wassertouristen nutzen den Briefkasten gern. Sie kommen mit Ruderbooten, mit der Luftmatratze oder mit dem Segelboot und werfen hier ihre Urlaubsgrüße ein. Bevor der Wasser-Postmeister die Urlaubskarten auf die Reise schickt, bekommen sie noch einen Sonderstempel. Damit die Familie zu Hause weiß, dass ihre Post auf der kleinsten Leipziger Insel, mitten auf dem Wasser, versandt wurde. Boote zum Ausleihen gibt es bei Paddelmax.

Für diejenigen, die das Segeln lieben, bietet der Cospudener See ideale Bedingungen. Die weiten Wasserflächen machen ihn zu einem beliebten Ziel für Segelliebhaber. Auch Windsurfer kommen hier auf ihre Kosten und können die Wellen genießen, zumindest solange der Wind stimmt.

Auch ein Fahrgastschiff lädt von März bis Dezember zu einer gemütlichen Rundfahrt rund um den See ein. Die MS Cospuden, betrieben durch die Freizeit-Abenteuer GmbH, ist seit der umfassenden Sanierung im Jahr 2022 mit einem klimatisierten bzw. beheizbaren Unterdeck sowie einer Bordkombüse ausgestattet, die das Fahren zu einem komfortablen Erlebnis macht, egal bei welchem Wetter.

Der Zustieg ist an den Anlegestellen Pier 1, Nordstrand und Bistumshöhe möglich, sodass Teilstrecken auch zu Fuß zurückgelegt werden können. Die rund 70-minütige moderierte Schifffahrt ist eine tolle Möglichkeit, gemeinsam Zeit zu verbringen. Mit einem Fernglas ausgestattet, kann man auf Entdeckungstour gehen oder ganz in Ruhe die Natur genießen.

Wer sich entspannt an Land fortbewegen will, dem sei die Tretmobile-Flotte des Freizeit- und Erlebnisanbieters ans Herz gelegt.

Adresse Pier 1, 04416 Markkleeberg | ÖPNV Bus 106, Haltestelle Zöbigker (Markkleeberg), Schmiede | Öffnungszeiten Anfragen und Buchungen unter Tel. 0152/337 450 60 und info@freizeit-abenteuer.com, täglich 10–17 Uhr | Tipp Auf dem Markkleeberger See finden in der Saison täglich zu jeder vollen Stunde Rundfahrten mit dem Fahrgastschiff »Markkleeberg« statt.

26 Die Gerechtigkeits-App

Gleichberechtigte Kunst

Bekannte Leipziger Persönlichkeiten widmen sich der Frage, ob es in der Kunst tatsächlich Gleichberechtigung gab. Und gibt. Ausgehend von den Herausforderungen, die Clara und Robert Schumann als Künstlerpaar hatten, hat die Museumskuratorin Prof. Dr. Beatrix Borchard die Singer-Songwriterinnen Laura Liebeskind und Wencke Wollny, Cellist Peter Bruns, Pianistin Lauma Skride, Geigerin Carolin Widmann, Ellen Stein und Jan Gabbert nach ihrem heutigen Leben gefragt. Nach ihrer Karriere, Geschlechterrollen und Familie.

Mit Hilfe von Augmented Reality nehmen die Persönlichkeiten im eigenen Wohnzimmer Platz. Unter den drei Rubriken »Rollen«, »Kinder und Karriere« und »Künstler-Paare« werden erst kurze Animationsfilme aus dem Leben der Schumanns gezeigt, anschließend in Interviewform durch die zeitgenössischen Künstler in die Gegenwart transportiert.

In der Inselstraße 18 verbrachten Clara und Schumann tatsächlich ihre ersten Ehejahre. Sie kämpften mit den starren Rollenbildern der damaligen Zeit, sehnten sich aber nach einer gleichberechtigten Ehe. Er musste zur damaligen Zeit seinen Misserfolg als Komponist verkraften und gleichzeitig anerkennen, dass seine Frau eine gefeierte Konzertpianistin war. Beide wagten es, eine Liebe auf Augenhöhe zu führen, wollten als Künstlerpaar wahrgenommen werden und veröffentlichten ihren gemeinsamen Liederzyklus »Liebesfrühling«, ohne dem Verleger mitzuteilen, welche Komposition aus wessen Feder stammt. Die Herausforderungen an das junge Paar waren immens: Roberts große öffentliche Erfolge als Komponist blieben aus, seine Laufbahn als Pianist wurde durch eine Handverletzung zerstört und gleichzeitig musste er anerkennen, dass seine Frau eine europaweit gefeierte Konzertpianistin war. Somit verdient nun eine Frau den Unterhalt für die Familie? Wie vertragen sich Karriere und Familie? Was heißt es, Künstlerin zu sein? Muss immer eine/r zurückstecken? Aktuelle Fragen, zu denen schon Clara und Robert Schumann Antworten suchten.

Adresse Inselstraße 18, 04103 Leipzig, www.schumannhaus.de | ÖPNV Tram 4, 7, 12, Bus 71, Haltestelle Gerichtsweg | Öffnungszeiten Mo–Fr 14–18 Uhr, Sa, So 10–18 Uhr, seit kurzem ist die App auch auf dem eigenen iPad im heimischen Wohnzimmer zu nutzen (App Store: Schumann-Haus-App) | Tipp Im Klangraum des Museums kann der Besucher mit dem Raum spielen.

27 Das Goldstein

Mit Liebe zum Detail

Es ist nicht zu pathetisch zu sagen, dass es in Leipzig keinen anderen Ort wie das Goldstein & Co. gibt. Das elfköpfige Team auf dem Feinkostgelände treibt die Liebe zu schönen Dingen an. Altes zu bewahren, Neues zu entwickeln, aber vor allem auch Originalen, die schon längst aufgegeben wurden, neues Leben einzuhauchen.

In Leipzig und anderen Großstädten haben sie einige Restaurants und Geschäfte designt und eingerichtet, aber auch so manche Privatwohnung profitiert von der Sammelleidenschaft des Goldstein & Co. Leipzig als ehemaliger Industriestandort ist eine gute Grundlage, um sich den Überresten dieser Industriekultur zu widmen. Denn alles begann mit einer Sammelleidenschaft und aus einer Vielzahl liebevoll zusammengetragener Einzelstücke wurde 2007 die Marke Goldstein & Co. Wer sich auskennt oder länger stöbert, findet unter den Einzelstücken echte Designklassiker aus den letzten hundert bis hundertfünfzig Jahren. Stühle, Lampen, Schränke, Tischchen… Sie alle werden professionell aufgearbeitet und nach traditionellen Methoden restauriert.

Das Goldstein & Co befindet sich auf dem Feinkostgelände. Dieses wurde ursprünglich als Bierbrauerei gegründet, und später Produktionsstätte für Obst- und Gemüsekonserven. Man baute einen Theatersaal an, in dessen Keller wurde Kabarett gespielt. Später ging aus dem Theatersaal ein Kino hervor. Nach dem Zweiten Weltkrieg produzierte man auf dem Gelände wieder Konserven und Säfte, Marmeladen und Essig. In der DDR-Zeit gingen die Firmen auf der Feinkost allesamt im »VEB Leipziger Feinkost« auf. Sie belieferten beispielsweise die Leipziger Messe und die Nationale Volksarmee.

Seit 2007 zogen verschiedene Geschäfte und Büros auf das Areal. Ein Kinderbuchladen, ein Club, »Mrs. Hippie« und noch viele mehr. In den Sommermonaten finden auf dem Gelände sogar wieder Kino-, und Theatervorstellungen statt.

Adresse Karl-Liebknecht-Straße 36 (Feinkostgelände), 04107 Leipzig, www.goldstein-interieur.com | ÖPNV Tram 10, 11, Haltestelle K.-Liebknecht-/K.-Eisner-Straße | Öffnungszeiten Mo–Fr 9–18 Uhr, Sa 11–18 Uhr | Tipp Die Löffelfamilie an der Feinkost ist eine historische Leuchtreklame, die an die VEB-Leipziger Feinkost-Zeit erinnert. Sogar mit Bewegungseffekt.

28 Die Gosenschenke

Ohne Bedenken

Etwas unscheinbar in einer Seitenstraße befindet sich die einzige historische Gosenschenke weltweit. Klingt gewagt? Es ist auf jeden Fall die Einzige und Letzte ihrer Art. Sie wurde 1899 von Carl Cajeri eröffnet. Schon seit Beginn wurde hier Gose ausgeschenkt. Das Getränk kam 1738 nach Leipzig. Das Besondere an der Gosenschenke in Gohlis war aber, dass sie die Größte in ganz Leipzig war. 300 Innenplätze und ein großer Biergarten boten ausreichend Platz für ihre Besucher.

In der Gosenschenke kann man, wie es der Name schon sagt, ein ganz besonderes Getränk bestellen: Die Leipziger Gose. Es wird pur, mit Schuss oder mit Likör ausgeschenkt. Man kann es auch mit Waldmeistersirup trinken, wenn man es gern etwas süßer mag. In der Gosenschenke gibt es seit 2017 eine kleine, eigene Gasthausbrauerei. Hier wird die »Edelgose« hergestellt. 2019 wurde sie bei den »World Beer Awards« mit dem ersten Platz ausgezeichnet. Inzwischen gibt es auch das »Kellergold« und den »Schwarzen Hahn«, zwei weitere Biersorten des Hauses.

Der Name der Schenke »Ohne Bedenken« geht auf den Kellner Karl Schmidt im Jahr 1900 zurück. Wann immer Gäste ihn fragten, ob man Gose wirklich trinken kann, antwortete er »Ohne Bedenken«. Bis 1920 führte Carl Cajeri die Schenke. Eine Sonnenuhr, die an der Rückseite des Gebäudes angebracht ist, zeugt von dieser bedeutsamen Vergangenheit. In dieser Zeit war es auch eine besondere Attraktion, Studenten, die zu viel Gose getrunken hatten, auf einer hölzernen Trage zur Pleiße zu tragen, die auch damals schon eher einem Bach glich, und sie dort abzukippen.

Heute passiert das glücklicherweise nicht mehr. Die aktuelle Inhaberin Loreen Heinrich ist die erste weibliche Gosewirtin und führt die Tradition der Gose mit Erfolg fort. Bestehend aus Gaststube, Bierkeller, Vereinsraum und Biergarten erwartet die Gäste ein geschichtsträchtiger Ort mit altsächsischen Gerichten.

Adresse Menckestraße 5, 04155 Leipzig | ÖPNV Tram 12, Haltestelle Fritz-Seger-Straße | Öffnungszeiten Mi–Fr 16–23 Uhr, Sa 12–23 Uhr, So 12–22 Uhr | Tipp Cliff's Brauwerk Leipzig bietet Bierbraukurse an.

29 Die Große Funkenburg

Geisterschmaus für Fremde

Die Große Funkenburg gab es tatsächlich. Um 1700 herum war das Gut im Besitz des Leipziger Oberpostmeisters Johann Jakob Kees, der Teile im barocken Stil errichten ließ. Im 18. Jahrhundert entstanden dazu ein großer Saal und ein Vergnügungsgarten. Sie war ein beliebtes Ausflugsziel der Leipziger Bevölkerung. Über 500 Personen konnten sich hier bei Gose, einer Leipziger Biersorte, und gutem Essen an Feuerwerk, Vogelschießen oder Seiltanz königlich amüsieren.

1855 kaufte der wohlhabende Leipziger Bankier Woldemar Frege das Areal, verkaufte Teile davon und ließ hochwertige Wohngebäude errichten. Das Waldstraßenviertel entstand. 1897 wurde die Große Funkenburg vollständig abgerissen. Die heutige Funkenburgstraße markiert die Achse des ehemaligen Haupthauses und die Tschaikowskistraße die ehemalige Gartenallee.

Um die Funkenburg rankt sich die Sage über einen jungen Fremden, der eines nachts an die Tore klopfte und um ein Nachtlager bat. Die Stadttore seien schon geschlossen. Der Burgherr nahm ihn auf, aber warnte ihn vor den Geistern, die in seinen Mauern hausen würden. Der Gast fürchtete sich jedoch nicht und bekam ein Lager im Burgsaal. Doch als es Mitternacht war, wachte der Jüngling auf, weil Gliedmaßen durch den Raum rollten, es polterte und rasselte. Doch der Fremde zeigte keine Furcht, sondern griff nach seinem Schwert. Plötzlich stieg aus dem Boden eine festlich gedeckte Tafel auf, inklusive goldenen Leuchtern und Edelsteinen. Geister erschienen, luden ihn ein, sich zu ihnen zu setzen. Doch er rief vor Angst: »Herr Jesu Christ, hilf!« Da wurde es dunkel und still. Der Spuk war vorbei. Der Mann legte sich zurück auf sein Lager und als er am nächsten Morgen erwachte, stand die festlich gedeckte Tafel immer noch da. Daraufhin erwarb er die Burg und lebte noch lange glücklich mit den Schätzen, welche die Geister ihm hinterlassen hatten.

Adresse Funkenburgstraße, 04105 Leipzig | **ÖPNV** Tram 3, 4, 7, 15, Haltestelle Leibnitzstraße | **Tipp** Im Rosental kann man durch ein Zooschaufenster Giraffen, Zebras und noch viel mehr Tiere entdecken.

30 Der gruseligste Lost-Place

Mystisch verwunschener Friedhof

Es gibt nicht nur aufgegebene, verlassene Gebäude. Auch Friedhöfe werden manchmal dem Verfall überlassen. Im Ortsteil Dölitz geht es an einem schmiedeeisernen Tor mit dem Schild »Betreten auf eigene Gefahr« vorbei in ein von Brombeeren und verwachsenen Büschen umranktes Waldgrundstück. Erst auf den zweiten Blick sieht man einzelne Gräber, läuft man weiter geradeaus, erkennt man auch noch die Grundmauern des ehemaligen Geländes. Vereinzelt stehen noch Blumen an den Gräbern. In Vergessenheit geraten für die Allgemeinheit, aber nicht für einzelne Angehörige.

Im Jahr 1877 wuchs Leipzig so stark, dass ein neuer Friedhof entstehen musste. Eine Leichenhalle im neugotischen Still wurde durch den Zimmermeister Louis Rossberger gebaut, der Glockenturm nach den Plänen des Architekten Paul Busse.

Das Friedhofsgelände gehört zur Kirche im Leipziger Süden. Anfang der 1990er Jahre gab es immer weniger Beerdigungen und Gräber wurden umgebettet. Durch Vandalismus wurden einige Gräber beschädigt. Während früher noch eine Leichenhalle und ein Glockenturm an der Leinestraße standen, wurden diese noch vor 2013 abgerissen. In den 1990er Jahren wurde das Gelände vom Friedhofsamt noch gepflegt, später aber aufgegeben.

Tatsächlich finden sich nur noch sehr wenige Gräber, die jünger als 1990 sind und auch wenige, die überhaupt noch gepflegt werden. Heute sind die Erdbegräbnisse auf der westlichen Seite des Friedhofs am besten erhalten. Überall befinden sich stellenweise rot-weiße Flatterbänder, die deutlich machen, dass hier kein begehbarer Weg herrscht und das Schild »Betreten auf eigene Gefahr« nicht ohne Grund angebracht wurde. Das Areal des Alten Friedhofs steht heute auf der Liste der Kulturdenkmäler im Freistaat Sachsen.

Übrigens: Ein Stück weiter die Leinestraße hinauf gibt es angeblich noch einen weiteren ehemaligen Friedhof. Über einen Radweg nach dem kleinen Teich, findet man auf der rechten Seite ein Metalltor.

Adresse Bei der Krähenhütte, Leinestraße, 04279 Leipzig | ÖPNV Tram 9, 10, 11, 16, 38, Haltestelle Leinestraße; Bus 108, Haltestelle Bei der Krähenhütte | Öffnungszeiten ganzjährig geöffnet | Tipp In der Nähe befindet sich die Auenkirchgemeinde.

31 Die Gruseltour

Mysterium tremendum

»Ein Warnhinweis: Sie nehmen auf eigene Gefahr an dieser Tour teil.« Alle Teilnehmenden dieser Stadtführung der besonderen Art lächeln und nicken. Niemand nimmt zu diesem Zeitpunkt das Gesagte ernst und niemand weiß, dass diese Gruseltour eine Art »Dungeon« ist, ein Gruselkabinett mitten in der Innenstadt. Die Führungen werden meist von Schauspieler*innen und Theaterwissenschaftler*innen durchgeführt und am Ende sogar die Teilnehmenden selbst als Schauspieler*innen mit einbezogen. Gemeinsam schwenken sie Weihwasser, um einen Dämonen zu verjagen, rufen mysteriöse Zaubersprüche durch die Leipziger Innenstadt und erschrecken sich mitunter so sehr, dass sie laut kreischen und anschließend schallend lachen. Was für ein herrlich schauriger Spaß!

Die Tour ist zudem sehr lehrreich. Die Mitgehenden lernen alles über die gruselige Seite Leipzigs: Über Seancen, Vampire, Morde, Freimaurer-Gilden. Dabei gehen sie durch die Innenstadt, halten an historisch wichtigen Gebäuden und erleben eine der amüsantesten, unterhaltsamsten Stadtführungen, an der man in der sächsischen Metropole überhaupt teilnehmen kann.

Seit 2013 gibt es die Gruseltouren in Leipzig. In anderthalb Stunden werden acht Stationen besucht und dazu Geschichten erzählt. Sieben davon sind wahre Begebenheiten, eine Station ist der Schauplatz einer düsteren Legende. Das kleine Gruseltour-Team nennt sich selbst den »Magischen Zirkel« und liebt es ganz offensichtlich, die Horrorgeschichten bildhaft und schauerlich zu erzählen.

Etwa, ob Vampire damals, in Zeiten der Pest, in Leipzig ihr Unwesen getrieben haben oder warum es so schauerliche Geräusche aus den Gräbern gab. Oder ob wirklich Geister in einem Restaurant am Ende des Barfußgässchens herumspukten. Und wieso die Menschen früher tote Katzen aßen. Schauerlich-gruselige Geschichten zum Erschrecken und sich-erschrecken-lassen.

Adresse Treffpunkt Neues Augusteum, Augustusplatz Leipzig, www.gruseltour-leipzig.de | **ÖPNV** Tram 1,3, 4, 7, 10, 11, 12, 15, 16, Haltestelle Augustusplatz | **Öffnungszeiten** Die Tour kann online gebucht werden. | **Tipp** Einen Nachtrundgang mit Nachtwächter Bemme besuchen.

32 Das Haus Böttchergässchen

Eine zentrale Figur der Leipziger Literatur

Im Ausstellungsarchiv des Stadtgeschichtlichen Museums finden sich spannende Geschichtsauszüge zu Elsa Asenijeff, einer gebürtigen Wienerin, die mit 28 Jahren nach Leipzig kam.

Es ist das Jahr 1895. Elsa ist mit einem Bulgaren verheiratet, bekommt von ihm zwei Kinder. Eines verstirbt, eines wächst bei der Großmutter auf. Elsa sehnt sich nach Wissen, aber als Frau darf sie nur Gasthörerin in der Universität Leipzig sein. Sie sitzt in den Hörsälen der Psychologie und Philosophie, schreibt Erzählungen, Gedichte und Essays. Erst ab 1906 dürfen Frauen studieren. Sicherlich stellt Elsa ihre Poesie in einem der Literatursalons der damaligen Zeit vor und streitet mit den führenden Köpfen darüber, dass Frauen nicht von Bildung ferngehalten werden sollten. Für Elsa ist dies der Schlussel zur Emanzipation der Frau.

Sie lernt in Leipzig den Künstler Max Klinger kennen und lieben. Sie bekommen eine gemeinsame Tochter und gelten als stadtweit bekanntes Künstlerpaar. Elsa unterstützt ihren Geliebten, geht auch mit ihm auf Reisen. Doch obwohl sie sich scheiden lässt, heiratet er sie nicht. Das hätte keinen guten Ruf für ihn und seine Familie bedeutet.

1910 wird Elsa zum Mittelpunkt eines Dichterkreises, in dem sie die Rolle einer erfahrenen Schriftstellerin übernimmt. Dieser Kreis veröffentlicht weitestgehend im Leipziger Kurt-Wolff-Verlag und ist wegbereitend für die Entwicklung moderner Literatur. Doch dann kommt der Erste Weltkrieg und die jungen Dichter müssen Soldaten sein.

1909 lernt Klinger eine andere Frau, namens Gertrud Bock kennen, setzt die Beziehung zu Elsa aber fort. 1919 hat Klinger einen Schlaganfall und heiratet noch schnell Gertrud, bevor er stirbt. Elsa ist nun verarmt und schutzlos. Zudem bringt sie ihr Widerspruchsgeist in Schwierigkeiten und es folgen Verhaftungen und Zwangseinweisungen. 1941 stirbt sie und gerät für viele Jahre in Vergessenheit.

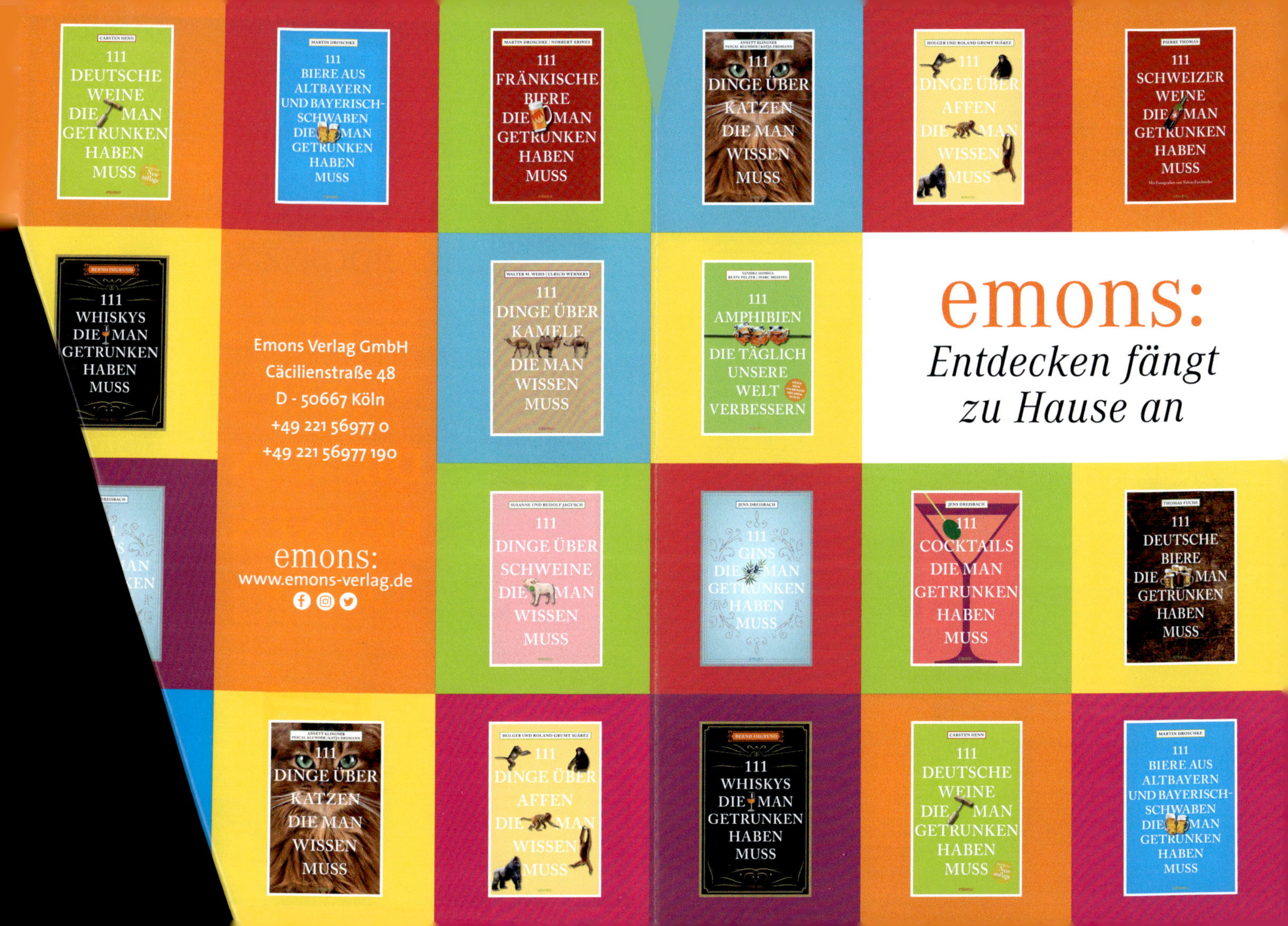

emons:
Entdecken fängt zu Hause an
Emons Verlag GmbH
Cäcilienstraße 48
D - 50667 Köln
+49 221 56977 0
+49 221 56977 190
emons:
www.emons-verlag.de
111 Deutsche Weine die man getrunken haben muss
111 Biere aus Altbayern und Bayerisch-Schwaben die man getrunken haben muss
111 Fränkische Biere die man getrunken haben muss
111 Dinge über Katzen die man wissen muss
111 Dinge über Affen die man wissen muss
111 Schweizer Weine die man getrunken haben muss
111 Whiskys die man getrunken haben muss
111 Dinge über Kamele die man wissen muss
111 Amphibien die täglich unsere Welt verbessern
111 Dinge über Schweine die man wissen muss
111 Gins die man getrunken haben muss
111 Cocktails die man getrunken haben muss
111 Deutsche Biere die man getrunken haben muss

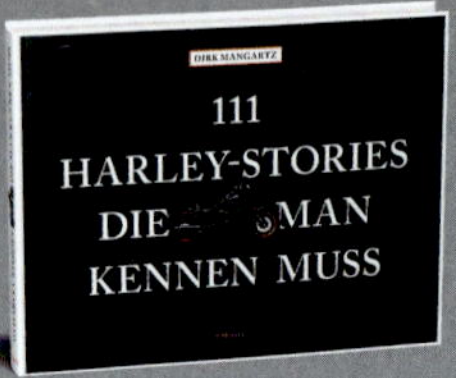

ISBN 978-3-7408-0939-3
€ D 25,00/€ A 25,70

ISBN 978-3-7408-0680-4
€ D 25,00/€ A 25,70

111 MAL ON THE ROAD

ISBN 978-3-95451-912-5
€ D 25,00/€ A 25,70

ISBN 978-3-7408-1442-7
€ D 30,00/€ A 30,90

ISBN 978-3-95451-912-5
€ D 25,00/€ A 25,70

ISBN 978-3-7408-0938-6
€ D 25,00/€ A 25,70

ISBN 978-3-7408-0242-4
€ D 16,95/€ A 17,50

ISBN 978-3-7408-1069-6
€ D 16,95/€ A 17,50

ISBN 978-3-7408-0859-4
€ D 16,95/€ A 17,50

ISBN 978-3-7408-0618-7
€ D 16,95/€ A 17,50

111 DRINKS DIE MAN GETRUNKEN HABEN MUS

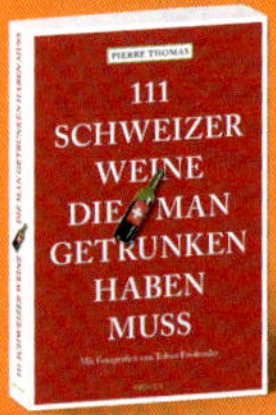

ISBN 978-3-7408-1301-7
€ D 16,95/€ A 17,50

ISBN 978-3-7408-0571-5
€ D 16,95/€ A 17,50

ISBN 978-3-95451-465-6
€ D 16,95/€ A 17,50

ISBN 978-3-7408-1222-5
€ D 18,00/€ A 18,60

Adresse Stadtgeschichtliches Museum, Böttchergäßchen 3, 04109 Leipzig, www.stadtgeschichtliches-museum-leipzig.de | ÖPNV Tram 1, 3, 4, 7, 10, 11, 16, 51, Bus 72, 73, Haltestelle Hauptbahnhof | Öffnungszeiten Di–So 10–18 Uhr | Tipp Ein Blick auf die aktuellen Ausstellungen des Stadtgeschichtlichen Museums liefern immer wieder neue Einblicke in die interessante Geschichte Leipzigs.

33 Das Haus Helenenstraße

Eine Ferienwohnung von 1810

Zum Tag des offenen Denkmals öffneten sich die Türen zu einem kleinen, versteckten 1810 erbauten Privathaus. Ein altes Bauernhaus noch aus Napoleons Zeiten. Die alt-historischen Fußbodenfliesen sind noch zu erkennen, auch die Holzbalken und eine Hintertür, die liebevoll restauriert wurde und wahrscheinlich aus dem Jahr 1600 stammt.

Das Haus hat viele Familien, Generationen und Trends erlebt. Raufasertapete vermischt sich mit DDR-Vibe und Eindrücken aus dem vorherigen Jahrhundert. Die letzte Sanierung des Hauses fand 2009 statt. Tritt man aus der Hintertür in den Privatgarten der Familie, steht dort ein echtes Kleinod: ein historischer Gartenpavillon. Mit viel Hingabe restauriert und aufbereitet. Seit 1906 steht er hier, wurde in den 1950er Jahren von einem Kindergarten genutzt und stand lange leer. Das historische Fach- und Mauerwerk sind schon auf den ersten Blick bezaubernd, die Fenster wunderschön. Vor zwei Jahren sanierten es die Besitzer und nutzen es nun als Ferienunterkunft: man kann eine Ferienwohnung mieten, Platz ist für ein bis zwei Personen.

Die Napoleonische Zeit ist in Leipzig geschichtlich verankert. Denn hier fand die größte Schlacht der Menschheitsgeschichte statt. Innerhalb von vier Tagen des Jahres 1813 wurde die ganze Region zerstört. Napoleon verlor die Vorherrschaft über Deutschland und auch über Europa. Russland, Österreich, Preußen und Schweden kämpften mit 300.000 Mann gegen Franzosen, Polen, Deutsche, Schweizer, Italiener, Kroaten und Schweizer. Napoleon eilte der Ruf voraus, noch nie eine entscheidende Schlacht verloren zu haben, doch hier in Leipzig musste er aufgeben. Der sächsische König Friedrich August I. wurde nach der Völkerschlacht gefangen genommen, musste 52 Prozent seines Territoriums an Preußen abtreten und kehrte erst viele Monate später in ein kleineres Sachsen zurück.

Adresse Helenenstraße 39, 04279 Leipzig, www.ferienwohnung-helene-leipzig.de | Öffnungszeiten von außen zu besichtigen, öffnet eventuell beim Tag des offenen Denkmals, privates Wohnhaus | Tipp Das gutbürgerliche Brauhaus Napoleon besuchen.

34 Die Hinrichtungsstätte

Die Todesstrafe der DDR

Einmal im Jahr, zur Museumsnacht und zum Tag des offenen Denkmals, öffnet die ehemalige Zentrale Hinrichtungsstätte der Deutschen Demokratischen Republik ihre düsteren Türen. Das Bürgerkomitee Leipzig e. V. betreut die ehemaligen Todeszellen. Seit dem Jahr 1960 befinden diese sich in einem abgetrennten Teil der Strafvollzugsanstalt in der Alfred-Kästner-Straße.

Es geht durch eine unscheinbare Tür in die nun leeren Räumlichkeiten. Die Stimmung ist bedrückend und es ist nicht verwunderlich, wenn einem ein Schauer über den Rücken läuft. Die ehemalige Zelle, in denen die Todeskandidaten ihre letzten Stunden verbrachten, kann man sich als Besucher ansehen. Die Verurteilten durften Abschiedsriefe schreiben, welche die Angehörigen nie erreichten, sondern zu den Akten genommen wurden. Die Inhaftierten wussten mitunter auch nicht, dass ihr Gnadengesuch bereits abgelehnt wurde, geschweige denn, dass sie nur noch wenige Stunden bis zu ihrem eigenen Tod hatten. Der Ort war ein Staatsgeheimnis.

Die Todesstrafe wurde bis 1968 per Guillotine vollstreckt. Später per Schusswaffe. Manchmal auch, ohne dass die Gefangenen davon Kenntnis hatten, von hinten durch einen Nahschuss. Diese Vorgehensweise galt als human. Die Leiche wurde hinterher in einem Sarg zum Südfriedhof gebracht und dort in der Nacht unter größter Geheimhaltung verbrannt.

In der Mitte des fensterlosen, kleinen Raumes befindet sich eine Abflussrinne und an der Seite ein Wasserhahn. Im Fußboden sieht man noch die Reste der Verankerung, wo sich früher die Guillotine befunden hat. Der Raum ist ansonsten schmucklos. Der Putz bröckelt von der gelbweißen Wand. Die Besucher sind befangen, der Ort ist gespenstisch still. 64 Hinrichtungen haben hier stattgefunden und keiner der Angehörigen und Anwohner hat davon gewusst. 1987 wurde die Hinrichtungsstätte geschlossen und erst nach 1990 wurde sie offiziell bekannt.

Adresse Arndtstraße 48, 04275 Leipzig, www.runde-ecke-leipzig.de | ÖPNV Tram 11, 16, Haltestelle Südplatz; Bus 74, Haltestelle Karl-Liebknecht-/Kurt-Eisner-Straße | Öffnungszeiten zweimal im Jahr geöffnet: zur Museumsnacht und zum Tag des offenen Denkmals, für Gruppen auf Anfrage | Tipp Die TALK WALK Hörspaziergänge ausprobieren.

35 Die hochdruckpartner

Galerie und Holzschnitt

2007 fanden sich Susann Hoch, Gabriele Sperlich, Harald Alff und Stephanie Marxx zusammen und gründeten die Galerie und Werkstatt für Holzschnitt und Hochdruck. Verbindend war dabei der Wunsch, dem künstlerischen Hochdruck ein verlässliches Ausstellungspodium zu geben und gleichzeitig einen gemeinsamen Arbeitsraum zu schaffen.

In Leipzig hat die Druckgrafik eine besondere Tradition. In den Werkstätten der Hochschule für Grafik und Buchkunst lernten die vier Gründer das Handwerk und schulten ihren Blick. Mit einer Begeisterung für Grafik und im Speziellen, den Holzschnitt, eröffneten sie ihre Galerie, die gleichzeitig auch eine Werkstatt ist. Der Eingang ist etwas versteckt, die Galerie selbst ist warm, gemütlich, lichtdurchzogen und beeindruckend mit ihren Druckmaschinen, die aktiv in Gebrauch sind.

Holzschnitt und Holzdruck sind die ältesten druckgrafischen Techniken und auch eigenständige Medien in der zeitgenössischen Kunst. An historischen Kniehebelpressen und an einer Grafix-Andruckpresse realisieren sie hier eigene künstlerische Vorhaben, aber auch Druckaufträge und den jährlich erscheinenden orginialgrafischen Kalender »Hochdruckpartner + Gäste«.

In der Galerie erwartet den Grafiksammler, wie auch den neugierigen Laien, neben regelmäßig wechselnden Ausstellungen eine breite Auswahl an verfügbaren Hochdrucken ganz unterschiedlicher künstlicher Handschriften.

Die Galerie hat es sich dabei zur Aufgabe gemacht, originale Druckgrafik gerade auch für »Einsteiger« zu erschwinglichen Preisen anzubieten – ein Besuch bei Hochdruckpartner lohnt sich also auch ohne »großen Geldbeutel«.

In der Werkstatt finden zudem regelmäßig Kurse und Workshops statt. Für Jugendliche und Erwachsene, Anfänger und Fortgeschrittene gibt es hier Angebote rund um Holz- und Linolschnitt, Linolätzung, japanischen Holzdruck und mehr.

Adresse Lützner Straße 85, 04177 Leipzig, www.hochdruckpartner.com | **ÖPNV** Tram 15, Haltestelle Henriettenstraße | **Öffnungszeiten** Mi–Fr 14–18 Uhr, Sa 12–17 Uhr, Kurstermine auf der Website | **Tipp** Das Tapetenwerkfest im Tapetenwerk besuchen.

36 Das Hufeisen

Der Drache in Leipzig

Die Nikolaikirche ist wahrhaft geschichtsträchtig, die Generationen unserer Eltern und Großeltern haben hier durch Gebet und Kerzen, sowie enormem Mut eine historische Veränderung friedlich herbei demonstriert. Aber an diesem Ort wurde nicht nur eine Diktatur beendet, sondern einer Sage nach auch ein anderer grausamer Unterdrücker besiegt – ein Drache. Wenn man diese Geschichte nicht kennt, läuft man an dem Hufeisen bei einem der Fenster auf der Ostseite der berühmten Kirche unachtsam vorbei. Dabei rankt sich darum die Geschichte des Heiligen Georg, der die Stadt vom bösen Drachen befreit haben soll.

Dieser verlangte nämlich Menschenopfer, nachdem ihm Schafe, Rinder und Pferde nicht mehr genügten. Man loste täglich aus, wer dem Untier geopfert werden sollte. Eines Tages traf es die Königstochter. Georg kam zur rechten Zeit mit seinem Pferd in die Stadt und als er von der Not der Menschen hörte, bat er den König, helfen zu dürfen. Mutig stellte er sich dem Drachen in den Weg und stieß ihm seine Lanze in die Seite. Der Drache brüllte auf, wälzte sich vor Schmerzen umher, warf seinen großen Schwanz um sich. Georg wollte gerade den tödlichen Stoß ausführen, als sein Pferd ein Hufeisen verlor und am Huf zu bluten begann.

Georg sprang von seinem Rücken und schlitzte dem Drachen den Bauch auf, sodass er verendete. Der König und das Volk waren überglücklich und Georg durfte sich als Dank vom König wünschen, was immer er wollte. Dieser verlangte aber nur ein neues Hufeisen für sein Pferd.

Als Andenken und Erinnerung ließ der König das alte Hufeisen an eine Linde beim Kampfplatz nageln. Als diese bei der Bebauung der Stadt Leipzig gefällt werden musste, wurde ein neuer Platz dafür gesucht und in der Nikolaikirche gefunden. Wer genau hinschaut, sieht sogar ein Loch im alten Hufeisen. Ein Hinweis darauf, dass es einst kaputt gegangen war.

Adresse Nikolaikirche Leipzig, Nikolaikirchhof 3, 04109 Leipzig | ÖPNV Tram 1, 3, 4, 7, 10, 11, 12, 15, 16, Haltestelle Augustusplatz | Öffnungszeiten dauerhaft geöffnet | Tipp Die Nikolaikirche bietet öffentliche Turmexkursionen nach Anmeldung an.

37_Die Kang Figur

Das Auge von Connewitz

Neben dem Naschsalon hängt eine Skulptur. Wer die Augen offen hält, kann sie noch öfter im Süden der Stadt entdecken, zum Beispiel am Werk II. Das Kunstwerk ist eine Tile, nach dem englischen Wort für Fliese. Es ist ein Keramikschmuck und höchstwahrscheinlich, vermutet man, soll es die Simpsons-Figur Kang darstellen, einen der beiden Außerirdischen mit den riesigen Augen. Oftmals werden Fliesen dieser Art mit Edding getaggt. Das ist ein Wort aus der Graffitisprache und meint die Markierung des Künstlers. Das Kunstwerk scheint über zehn Jahre alt zu sein. So oder so passt die bunte Markierung zu dem Stadtteil, der hier aus der Südvorstadt übergeht. Connewitz war im 19. Jahrhundert ein Dorf. Heute ist es bunt, linksalternativ und bürgerlich.

Ende der DDR waren viele Häuser in Leipzig verfallen. Besonders in Connewitz waren viele Wohnungen unbewohnbar. Nach der Wende wurden diese Häuser besetzt, Genossenschaften gründeten sich. Das Ziel war vor allem, günstig zu wohnen. Im Laufe der Jahre wurde Connewitz ein Zentrum der linksalternativen Szene. Doch Straßenschlachten sind auch hier die Ausnahme. Es ist vielmehr ein liebens- und auch lebenswerter Stadtteil. Hier wohnen Familien, Punks und Großeltern friedlich nebeneinander. In Connewitz gibt es unzählige Bars und Kneipen, die HTWK, einen Stadtgarten, Schulen und die aktive Kirchgemeinde.

Das Conne Island ist ein Jugendzentrum im Stadtteil, öffnet seine Türen regelmäßig für Veranstaltungen. Früher, um 1900 herum, war es ein Biergarten mit Ballsaal, später für die Hitler-Jugend und danach für die FDJ ein Treffpunkt. So blickt dieser Stadtteil auf eine reiche Geschichte. Und Kang schaut mit seinem Auge auf alles hinab, und genau wie in der Geschichte soll er vielleicht sinnbildlich aussagen, dass niemand Connewitz die bunte Vielfalt nehmen kann.

Adresse Karl-Liebknecht-Straße 92, 04275 Leipzig | ÖPNV Tram 10, 11, Bus 60, 74, Haltestelle Karl-Liebknecht-/Kurt-Eisner-Straße | Öffnungszeiten dauerhaft zu besichtigen | Tipp Das UT Connewitz besuchen. Es ist das älteste noch erhaltene Lichtspieltheater Leipzigs und auch eines der ältesten in Deutschland.

38 Das Kino der Jugend

Die Göttin des Glücks

Das ehemalige Kino in der Eisenbahnstraße soll wieder ein Kulturzentrum werden. Das hat sich die Bürgerinitiative IG Fortuna vorgenommen. Doch noch ruht der große Kinosaal, ist eher ein spannender, verfallener Ort, an dem beim Tag des offenen Denkmals sogar Filme gezeigt wurden. Natürlich nur auf eigene Gefahr mit einem Bauhelm auf dem Kopf. Auch andere spannende Veranstaltungen gibt es hier immer wieder. Es ist schon viel passiert in dem alten Gebäude. In den vergangenen Jahren hat die Initiative nicht nur den Abriss des Gebäudes verhindert, sondern auch erste Reparaturen vorgenommen. Der große Saal wurde von der Stadt Leipzig beräumt, ebenso das Dach notgedeckt.

Das Gebäude gehörte früher zu einer Gasanstalt. 1865 wurde diese errichtet. Aus wirtschaftlichen Gründen wurde einige Jahre später die Produktion wieder eingestellt. Doch, was soll man nur mit dem Gebäude machen, es wurde nicht mehr benötigt? Und so entstand daraus ein Kino mit 989 Sitzplätzen. Auch wenn das vielleicht nicht die naheliegende Idee war, so war es doch eine sehr gute: Es wurde eines der größten Filmtheater Leipzigs. Der alte Name »Fortuna Lichtspiele« wurde zu DDR-Zeiten in »Kino der Jugend« umgewandelt. Zwischen 1928 und 1987 war das Kino in Betrieb. Über dem Eingang thront in der Mitte noch immer die aus Zementguss gefertigte Göttin des Glücks: Fortuna.

Das Hauptgebäude ist ansonsten aber in einem stark geschädigten Zustand. Doch die Außenmauern des ehemaligen Industriebaus sind gut erhalten, und die historischen Türen und Fenster sind wieder erkennbar. Das Kino der Jugend steht unter Denkmalschutz. Das Kassenhäuschen im Eingangsbereich und das Treppenhaus zeigen noch, wie schön dieser kulturelle Ort früher gewesen sein muss, und wie schön er wieder werden kann. Ein Filmspieltheater aus einer anderen Zeit und eines der wenigen Industriedenkmäler im Leipziger Osten.

Adresse Eisenbahnstraße 158, 04315 Leipzig, www.ig-fortuna.de | ÖPNV Tram 3, 8, Haltestelle Torgauer Platz | Öffnungszeiten Veranstaltungen siehe Website | Tipp Im Sommer hält das Wanderkino regelmäßig an der Emmauskirche.

39_Die Kinobar

Prager Frühling

Miriam Pfeiffer ist die Inhaberin des kleinen Programmkinos in der Südvorstadt. Ganze 74 Plätze gibt es in der Kinobar »Prager Frühling«. Ausgewählte aktuelle Filme werden hier gespielt, von Independent bis Mainstreamblockbuster. Und auch Familien- und Kinderfilme begeistern Groß und Klein.

Das Kino wurde im Jahr 1997 gegründet und befindet sich im Haus der Demokratie über dem Tanzcafé »Ilses Erika«. Ein Blick ins Programm lohnt sich auf jeden Fall. Einen Vorverkauf gibt zwar, aber es ist auch immer ein Platz frei für spontan Filmbegeisterte.

1990 wurde der Verein »Haus der der Demokratie Leipzig e. V.,« gegründet. Die Aufgaben bestehen darin, Kunst, Kultur, Bildung und Erziehung zu fördern. Das Gebäude selbst steht unter Denkmalschutz, es wurde ursprünglich als städtisches Waisenhaus konzipiert und 1903 fertiggestellt. Bis zu 103 Kinder fanden hier gleichzeitig ein alternatives Zuhause. Bis 1928 waren 11.000 Kinder im Heim untergekommen, manche jedoch nur wenige Tage, weil sie als Ausreißer aus ihrem Elternhaus aufgegriffen worden waren und von den erbosten Eltern wieder abgeholt wurden.

Zwischen 1932 und 1943 war das Gebäude Träger einer tragischen Geschichte. Das Haus wurde als Kinderheim genutzt und Kinder von politisch Inhaftierten oder Ausländern wurden aufgenommen und sollten zu »besseren Staatsbürgern« umerzogen werden. Kinder wurden von hier zur Ermordung in die sogenannten »Kinderfachabteilungen« nach Dösen oder Großschweidnitz verlegt. Stolpersteine vor dem Haus erinnern heute an einige der ermordeten Kinder.

Das Haus wurde im Krieg stark zerstört und erst dem Verfall überlassen und ab 1952 langsam als Bürohaus wieder aufgebaut. In den 1980er Jahren zog die SED-Stadtleitung ein. Heute ist das Haus der Demokratie ein Ort für Menschen, die sich gesellschaftlich engagieren wollen. Die Vereine BUND und Ökolöwe sind beispielsweise Nutzer des Hauses.

Adresse Haus der Demokratie, Bernhard-Göring-Straße 152, 04277 Leipzig, www.kinobar-leipzig.de | **ÖPNV** Bus 70, Haltestelle Arno-Nitzsche-Straße; Tram 9, 10, 11, 16, 51, Bus 70, 89, 107, 412, Haltestelle Connewitzer Kreuz | **Öffnungszeiten** Website beachten | **Tipp** Das Tanzcafé Ilses Erika schenkt schon am Donnerstag Wochenendpartystimmung.

40 Die Klinger-Treppe

Der sächsische Bildhauer

Die Treppe vor dem Richard-Wagner Denkmal in der Nähe des Museums »Runde Ecke« am Promenadenring, nennt sich nach dem Bildhauer Max Klinger »Klingertreppe«. Er prägte die bildende Kunst des späten 19. und frühen 20. Jahrhunderts, schrieb auch Gedichte und war nicht nur Bildhauer, sondern auch ein sehr guter Zeichner. Er lebte bis 1920.

1903 begann Klinger mit seinen Entwürfen für das Wagner-Denkmal. Dieser wurde 1813 in Leipzig geboren und verbrachte seine Kindheit auch hier in der Stadt. Die Fertigstellung stagnierte, aber 1911 erarbeitete er ein Modell mit Sockel und Treppe für den ehemaligen Matthäikirchhof in Leipzig. Man begann mit dem Bau der Treppe. Sie war aus Riesengebirgsgranit. Der Marmorblock lagerte, aufgrund des Ersten Weltkriegs, in Südtirol und wurde erst nach Klingers Tod nach Leipzig gebracht. Man lagerte ihn bis 2010 in der Nähe von Klingers ehemaligem Atelier ein.

1933, anlässlich des 50. Todestages von Wagner, wurde der Bildhauer Emil Hipp beauftragt, das Denkmal fertigzustellen. Er versuchte, die Ideen und die Deutung Wagners in ein Relief zu bringen und überzeugte schließlich Adolf Hitler, ein Richard-Wagner-Nationaldenkmal zu erschaffen. Doch dazu kam es aufgrund des Zweiten Weltkriegs nie, und die Arbeiten für das Denkmal wurden nie beendet.

1980 dokumentierte die Staatssicherheit der DDR die historische Jugendstiltreppe, grub sie aus und transportierte sie nach Leutzsch. Ein Stasi-Parkplatz wurde errichtet. 1991 wurde die Treppe in einer Mülldeponie an der Leinestraße wiedergefunden.

Mit Mitteln des Freundeskreis Max Klinger wurde der Sockel restauriert und befindet sich seit 2010 am ehemals vorgesehenen Platz. Wagner steht auf diesem Sockel, hinter ihm sein eigener, riesiger Schatten, vier Meter hoch, den er mit seiner Kunst hinterlassen hat. Seine Kunst, auch er als Person, werden kontrovers diskutiert.

Adresse Goerdelerring 20, 04109 Leipzig | ÖPNV Tram 1, 3, 4, 7, 9, 12, 15, 34, Bus 89, Haltestelle Goerdelerring | Öffnungszeiten dauerhaft geöffnet | Tipp Der Klinger-Hain befindet sich zwischen der Weißen Elster und dem Elsterflutbett.

41 Der Knick

Das schiefe Rathaus

Das Rathaus am Leipziger Marktplatz gilt als eines der schönsten Renaissancebauten in Deutschland. Innen befinden sich alte Gefängniszellen im Keller, historische Räume im Hauptgeschoss und ein Turm, den man auch besteigen kann. Das stadtgeschichtliche Museum lädt in die ständige Ausstellung über Leipzig ein, sodass man als Besucher sowohl verschiedene Führungen als auch einen Rundgang vom Mittelalter bis zur Gegenwart erleben kann.

Hieronymus Lotter, der damalige Bürgermeister, ließ den Prachtbau 1556 errichten und damit auch eines der Wahrzeichen der Stadt. Bis 1905 war es der Sitz der Stadtverwaltung. Doch wenn man genauer hinsieht, das Gebäude von außen betrachtet, kann man erkennen, dass das Haus einen Knick nach hinten macht. Auch wenn es einem auf den ersten Blick gar nicht auffällt.

Das Gebäude entstand auf den Grundmauern eines alten Herrenhauses und, da man den Vorgängerbau überbauen ließ, entstand die asymmetrische Teilung der Fassade, die heute diesen Knick aufweist. Später baute man noch einen hölzernen Laubengang und brachte am Turm eine Schlaguhr von einem Uhrmacher aus Annaberg-Buchholz an.

1906 wurde das Alte Rathaus umfassend saniert. Der hölzerne Laubengang wurde zu einem steinernen, in die Gewölbe zogen kleine Geschäfte ein und zur gleichen Zeit entstand aufgrund des schnellen Wachstums der Stadt ein neues, größeres Rathaus. 1943 wurde das Alte Rathaus im Zweiten Weltkrieg stark beschädigt. Man baute es wieder auf, restaurierte es und verpasste ihm die bis heute markante, ockerfarbene Fassade.

Das Neue Rathaus ist seit 1905 Sitz der Leipziger Stadtverwaltung. Man erkennt es schon von Weitem an seinem Burgähnlichen Äußeren. Er gehört, wie man unschwer erkennen kann, zu den bedeutendsten deutschen Rathausbauten.

Adresse Markt 1, 04109 Leipzig, www.stadtgeschichtliches-museum-leipzig.de | **ÖPNV** Tram 1, 3, 4, 7, 10, 11, 15, 16, Haltestelle Augustusplatz; Bus 89, Haltestelle Markt | **Öffnungszeiten** dauerhaft geöffnet, Museum Di–So und Feiertage 10–18 Uhr | **Tipp** Die beiden Zierbrunnen auf dem Naschmarkt wurden 1909 aufgestellt. Sie heißen »Badender Knabe« und »Badendes Mädchen«.

42 Die Kofferfabrik

Krügerol und Ledertaschen

Bekannt wurde Carl Moritz Mädler mit dem Bau eines Messehauses über Auerbachs Keller (siehe Ort 2) Die mondäne Passage kannten bald auch Menschen außerhalb Leipzigs. 1850 hatte Mädler in Wurzen eine Lederwarenfabrik gegründet. 36 Jahre später verlagerten seine Söhne diese nach Lindenau. Hier wurden mit über 300 Mitarbeitern Koffer und Taschen hergestellt. 1889 erhielt die Firma rund um Anton Mädler die Auszeichnung »Königlich sächsischer Hoflieferant«. Sein Bruder gründete in Berlin eine Firma, die sich auf Baubeschläge und Werkzeuge spezialisierte und bis heute unter dem Firmennamen Mädler wirkt.

Die Fabrik in Leipzig wuchs in der Zeit auf 550 Arbeitskräfte heran, aufgrund ihrer Qualität und Innovationen wurde sie weltweit bekannt. Mädler fertigte Welt-Bahnkoffer unter dem Namen »Königlich Sächsische concessionirte Koffer- und Lederwaren-Fabrik Moritz Mädler«. 1894 ließ er Verfahren zur Herstellung von Rohrplattengewebe patentieren. Das verhalf ihm zu Weltruhm. Die Rohrgewebsplatten bestanden aus Rohrstäben, die in Flachssegeltuch eingewebt waren. Dadurch konnte man wasserdichte Hutkoffer und Schrankkoffer herstellen. Anfangs wurden diese über firmeneigene Filialen verkauft, ab etwa 1900 auch per Post versendet. Gleichzeitig begann man, Damentaschen und wasserdichte Autokoffer zu fertigen. In den 1990er Jahren beherbergte die Fabrik wissenschaftliche Institute, heute ist das Gebäude ein privates Wohnhaus.

In der Luppenstraße gibt es eine zweite ehemalige Fabrik, die heute als Wohnhaus fungiert. In der Nummer 24 befindet sich ein Industriebau, der 1876 für eine Seifen- und Parfümeriefabrik errichtet worden war. 1930 zog dort die Firma Richard Krüger ein. Er begann nach eigener Rezeptur Halsbonbons herzustellen und verkaufte sie in seinem Kolonialwarengeschäft in der Grimmaischen Straße. Noch bis 1990 wurden hier die bekannten »Krügerol«-Bonbons produziert.

Adresse Luppenstraße 1, 04177 Leipzig | ÖPNV Tram 3, 7, 8,15, Bus 74, Haltestelle Angerbrücke, Straßenbahnhof | Öffnungszeiten nur von außen zu besichtigen | Tipp In Leutzsch befindet sich die Fabrikantenvilla, besser bekannt als Mädler-Villa.

43 Das Krochhochhaus

Klein-Venedigs Glockenmänner

Am berühmten Augustusplatz, zwischen Oper und Gewandhaus, steht ein 43 Meter großes Gebäude. Es ist alles andere als unscheinbar, nicht nur optisch, sondern verbindet auch Kultur und Geschichte und nur wer in den Himmel schaut, bemerkt das gewisse Etwas, das es in Leipzig nur an diesem Haus zu entdecken gibt. Zwischen 1927 und 1929 wurde es erbaut, ist damit also ein Zeuge der goldenen Ära der 1920er Jahre in Deutschland. Benannt wurde es nach dem Inhaber des gleichnamigen Bankhauses Hans Kroch. Es ist auch das erste in Leipzig errichtete Hochhaus. Die Architektur ist ein Beispiel für den expressionistischen Stil und die neobarocken Elemente der damaligen Epoche.

Das Wahrzeichen ist ohne Zweifel das Schlagwerk auf dem Dach. Die Glockengießerei Schilling & Söhne in Appolda fertigte damals die Glocken. Die zwei Glockenmänner daneben sehen von unten vielleicht klein aus, messen aber tatsächlich je drei Meter in der Höhe. Genauso wie in Venedig am Markusplatz, schlagen auch sie zu jeder vollen und halben Stunde mit ihren Stäben die Glocken und bringen sie damit zum Erklingen. Damals war es das größte Turmschlagwerk der Welt.

Unter ihnen befindet sich eine lateinische Inschrift, die sich mit »Arbeit überwindet alles« übersetzen lässt. Und darunter befinden sich dargestellte Mondphasen, die von zwei Löwenreliefs eingerahmt werden. Dieses kunstvolle Fries nimmt die ganze Frontpartie des obersten Stockwerks ein.

Ursprünglich als Warenhaus konzipiert, erlebte das Krochhochhaus im Laufe der Jahre unterschiedliche Nutzungen. Nach der Zeit als Warenhaus diente es unter anderem als Bürogebäude und wurde später zu einem Ort für den Einzelhandel. Heute beherbergt das Krochhochhaus neben Büros beispielsweise auch das Ägyptische Museum der Universität Leipzig. Auf der anderen Straßenseite steht ein Goldenes Ei. Es erinnert an die Revolution 1989.

Adresse Krochhochhaus, 04109 Leipzig | ÖPNV Tram 1, 3, 4, 7, 10, 11, 15, 16, Haltestelle Augustusplatz | Öffnungszeiten von außen immer zu besichtigen | Tipp Den Mägdebrunnen am Roßplatz besuchen.

44 Der Kürbishof

Leidenschaft, Museum, Restaurant

Andrea und Jörg Schmidt haben vor vielen Jahren durch Zufall ihre Leidenschaft zu Kürbissen entdeckt. In Leipzig gibt es keinen Kürbishof, wie man ihn sich jedes Jahr wenigstens im Herbst einmal dringend wünschen würde. Aber kein Problem: Ein Ausflug Richtung Torgau lohnt sich immer und wenn man vor dem Kürbisdomizil der Schmidts parkt, öffnet sich eine phantastische, wundersame Welt voller Kürbisse. In ihrem Wohnhaus gelegen, kann man nicht nur Halloween Kürbisse kaufen, sondern auch ganz viele andere Sorten. Die bekanntesten Arten sind der Hokkaido, der Butternut, der Muskatkürbis aber von einigen hat man noch nie etwas vorher gehört. Verruqueuse de Maurice, zum Beispiel.

Die Schmidts betreiben sogar ein eigenes Kürbismuseum mit aus allen Kontinenten gesammelten Ausstellungsstücken. Darin stehen viele holzartige Kürbisse. Kalebassen, nennt man diese. Sie wachsen als Pflanze auf dem Feld, werden nach ungefähr fünf bis sechs Monaten geerntet und verholzen dann über mehrere Wochen. Aus den Kalebassen schnitzen die Schmidts die unterschiedlichsten Dinge. Vogelhäuser, Klangspiele, Deko-Elemente. Welche Verwendung die Kürbisse in anderen Ländern haben und welche Traditionen sich daraus entwickelt haben? Kann man sich hier anschauen. Wer mag, auch direkt in Verbindung mit Erlebnisgastronomie.

Das Kürbisdomizil bietet verschiedene Brunchs, Martinsgansessen und verschiedene Adventsmenüs an. Aber auch sonst kann man im Kürbisdomizil gut essen, Feldküche ist jeden Donnerstag ab 11.30 Uhr im Kürbis-Museum oder per Abholung. Der Kürbisverkauf startet jährlich am 1. September und endet am 31. Oktober.

Kürbisse sind weit mehr als nur eine saisonale Frucht. Sie finden nicht nur in der Küche und Dekoration Anwendung. Die Samen werden geröstet als Snack genossen, und Kürbiskernöl ist für seine gesundheitsfördernden Eigenschaften weithin bekannt.

Adresse Alte Gartenstraße 8, 04886 Beilrode OT Zwethau, www.kuerbisdomizil.de | ÖPNV Bus 527, Haltestelle Zwethau (Beilrode) | Öffnungszeiten Mi – Fr 10 – 18 Uhr, Sa, So 10 – 16 Uhr, Brunch-Termine stehen auf der Website | Tipp Eine Gemüsekiste bei KOLA Leipzig ausprobieren.

45 Das Kunstkraftwerk

Industrie und Kunst

Nie war Kunst abwechslungsreicher und begeisternder, auch für Nichtkenner, Kinder und Jugendliche, aber auch für Kunstliebende, als im Kunstkraftwerk. Beeindruckende Lichtinstallationen treffen auf immersive 360-Grad-Shows, multimedial und interaktiv kann Kunst hier vom ganzen Sein aufgenommen werden.

Populäre Kunst, aktuelle Künstler, aber auch Klimt und Van Gogh konnten in der Vergangenheit von Besuchern bestaunt werden. Ihre Kunst wird neu inszeniert und in historischen Kontext gesetzt. Hier muss niemand endlose Flure durchlaufen und dabei kleine Tafeln mit Hinweisen durchlesen. Im Gegenteil: Man liegt bequem in einem Sitzsack und lässt sich von den Animationen in ihren Bann ziehen.

Immersive Kunst, ein etwas umständlicher Begriff, ist eine neue Form, um den Besuchern zu ermöglichen, Kunstwerke ganzheitlich zu erleben. Der Betrachter wird dabei auch mal Teil des Werks und bekommt einen neuen Zugang zu ihm. So ist Kunst niederschwelliger, erreicht ein breiteres Publikum. Neben den Videoinstallationen werden auch Exponate zu den Künstlern selbst gezeigt.

Im Kunstkraftwerk gibt es vier verschiedene Räume: die Kesselhalle, die Maschinenhalle, das Kellergeschoss und den Turm auf zwei Ebenen. Die Ausstellungen wechseln regelmäßig.

2014 wurde das Kunstkraftwerk als Kunsthalle gegründet. Doch das Kraftwerk wurde schon 1900 auf dem Gelände des damaligen Straßenbahnhofs gebaut. Ziel war es, die Bahnstromversorgung der neuen elektrischen Straßenbahnen im Leipziger Westen zu gewährleisten. Fünf kohlebetriebene Dampfmaschinen gab es und einen Gleisanschluss zum Plagwitzer Bahnhof. Damals wurde hierüber die Braunkohle transportiert. 1964 wurde es als Heizkraftwerk umgebaut und 1992 schließlich stillgelegt.

Heute finden hier Veranstaltungen und Kunstausstellungen statt, es ist ein Ort, der zeigt, dass Geschichte und Zukunft auf eine immersive Weise zusammenfinden können.

Adresse Saalfelder Straße 8, 04179 Leipzig, www.kunstkraftwerk-leipzig.com | ÖPNV Tram 8, 15, Bus 60, 80, Haltestelle Lindenau Bushof | Öffnungszeiten Di–Fr 10–18 Uhr, Sa, So, Feiertage 10–18 Uhr | Tipp Hinterher einen Bummel auf dem Gelände der Spinnerei und einen Abstecher zu Mule, der Bäckerei, machen.

46 Der Kunsttanker

Autohaus mal anders

In einem umgebauten Autohaus wurden in Leipzig mehr als 50 Räume und Werkstätten geschaffen, die Kunst- und Kulturschaffende für ihre kreativen Arbeiten nutzen. Fotografen, Designer, Musiker, Bildende Künstler und mehr haben sich hier eingemietet. Das Atelierhaus in ein Projekt der Stadt Leipzig und ein neues Zentrum für Kreative. Große Glasfassaden sorgen für die notwendige Helligkeit. In den großen Fluren hängen Originale, in der Ausstellungshalle stehen Skulpturen und Kunstobjekte, die ein Hinweis darauf sind, dass hier definitiv keine Autos mehr verkauft werden.

Auf einer Online-Galerie bekommen Künstler des Kunsttankers eine Plattform. Regelmäßig öffnen sich auch die Türen des Kunsttankers für Veranstaltungen und Ausstellungen. Neben dem Spinnerei-Gelände ist hier im ehemaligen Autohaus, in Gohlis, ein kreativer Schaffensort entstanden.

Auch der Maker-Space hat am Kunsttanker seine Heimat gefunden. Die Gemeinschaftswerkstatt hat es sich auf die Fahne geschrieben, lieber zu reparieren und zu recyclen, als etwas wegzuwerfen. Die Werkstatt ist eine Gemeinschaftsaktion, in der jedes Mitglied Verantwortung trägt, damit diese funktioniert. Beim Maker-Space wird geteilt: Platz zum Arbeiten, aber auch die Maschinen. Ein Brennofen für Keramik, ein 3-D-Drucker und alles an Handwerkszeug, was Künstler benötigen.

Die Künstlerin Yvonne Neu bietet im Kunsttanker einen »Ein-Mal-Raum-für-Dich« an. Einen Ort zum absichtslosen Malen. In ihrem Atelier zeichnet man im Stehen auf großen Papierformaten. Der Maltisch mit 18 Farben kann ohne große Umschweife genutzt werden. Denn absichtslos bedeutet, dass man ohne konkrete Idee, einfach angeregt von Farben, beginnt, sich kreativ auszutoben.

Die Kunstgalerie im Erdgeschoss, galerie k., gibt Künstlern und Schaffenden Raum, um ihre Werke zu präsentieren. Die aktuellen Öffnungszeiten findet man auf der Facebook-Seite.

Adresse Lindenthaler Straße 61–65, 04155 Leipzig, www.kunsttanker.art | ÖPNV Tram 4, 11, Bus 85, 90, Haltestelle S-Bahnhof Coppiplatz | Öffnungszeiten Veranstaltungen auf der Website | Tipp Um ein berühmtes Gemälde nachzumalen, kann man eine ArtNight besuchen.

47 Der Kunstverein 1,5°

Atelier für Gegenwartskunst

Im Hinterhof der Lützner Straße 34 begegnen sich Künstler im 500 Quadratmeter großen Atelier von Helge und Saxana, dem KUNSTVEREIN 1,5°. Dieser öffentliche Ort der Kunst ist für alle Besucher offen. Das Atelier eröffnete mit Arbeiten von Aktivist*innen aus der 1,5° Klimabewegung aus Lützerath, dem Hotspot für die internationale Klimabewegung in Deutschland, an dem sich auch Helge und Saxana lang und aktiv aufhielten.

Sie und viele andere hielten dort die Stellung bis Lützerath komplett geräumt, und dann auch abgebaggert wurde. Im KUNSTVEREIN 1,5° zeigen sie die Ausstellung »Stille Riesen«, in welcher der Baum im Fokus der Gegenwart auf den Spuren von Caspar David Friedrich steht. Der Name 1,5° spielt auf die Pariser Klimakonferenz 2015 an, auf der beschlossen wurde, den Anstieg der Klimaerwärmung auf 1,5 Grad zu beschränken, um die Risiken und Folgen des Klimawandeln zu mindern.

Im Atelier selbst werden Arbeiten präsentiert, Vorträge gehalten und internationale Vernetzungsimpulse gesetzt. Helge und Saxana kamen beide bereits 2012 als studierte Künstler nach Leipzig. Seit 2017 arbeitet das Künstlerpaar gemeinsam. Helge Hommes hat sich als Künstler in Leipzig einen Namen gemacht, als er 2014 das Urlicht in der Alten Post installierte. Ein gewaltiges Kunstprojekt aus recycelten Materialien mit einem konsumkritischen Ansatz, zum 25-jährigen Gedenken an die Friedliche Revolution. Saxana malt und zeichnet am liebsten in der freien Natur. Ihre Bilder sind einmalig und spiegeln genau das wider, denn auch Witterungseinflüsse dürfen im Bild zu lesen sein, sind im Gemälde zu Hause.

Der Klima-Aktivismus erwachte 2018 in ihnen, als sie beim Widerstand im Hambacher Wald dabei waren. Sie engagieren sich und agieren gemeinsam als Aktivisten und Künstler, nicht nur in Leipzig sondern Deutschlandweit. Mit ihrer Kunst wollen sie die Welt verändern, bevor es das Klima tut.

Adresse Lützner Straße 34 (Hinterhaus), www.kunstverein-onepointfivedegree.com | ÖPNV Tram 8, 15, Haltestelle Lützner / Merseburger Straße | Öffnungszeiten Sa, So 15 – 18 Uhr | Tipp Den Kulturhof Gohlis besuchen.

48 Das La Gondola

Venezien in Leipzig

Was viele Touristen nicht wissen: Leipzig ist auch Wasserstadt, die Weiße Elster schlängelt sich durch einen Teil der Metropole. Ruderregatten, Kanubegeisterte, Schlauchboote, Rundfahrten mit Stadtführungen tummeln sich auf dem Fluss. Ein Boot fällt auf, wahrscheinlich kennt es jeder Bewohner Leipzigs: Die venezianische Gondel. Leipzig war früher, schon im 19. Jahrhundert, eine Seestadt. Und auch heute kann man Leipzig vom Wasser aus genießen. Beim Ristorante la Gondola kann man einen romantischen Ausflug mit einer echten venezianischen Gondel wagen und durch Klein Venedig tingeln, wie einige Leipziger die Stadt liebevoll bezeichnen. Die Gondel kann man für eine Stunde mit bis zu sechs Personen mieten.

Vorbei geht es mit dem Gondolier Antonio Signorello an Industriebauten, beeindruckenden Loftwohnungen und zahlreichen Cafés und Restaurants. Die schwarzlackierten Gondeln, der rote Teppich und die traditionelle Tracht des Gondoliers mit Strohhut und geringeltem Shirt geben Besuchern tatsächlich ein italienisches Flair.

Beinah hätte Leipzig damals eine Verbindung zum Meer bekommen, so war zumindest der ursprüngliche Plan gewesen. Der Karl-Heine-Kanal sollte ein Schifffahrtsweg sein: Von der Weißen Elster zur Saale und dann über die Elbe bis zur Nordsee. Tatsächlich fehlt nur ein kleines Stück Kanal, um das Vorhaben umsetzen zu können. Der Karl-Heine Kanal würde zum Lindenauer Hafen geleitet werden und dann mit dem Elster-Saale Kanal verbunden sein. Der große Plan: Mit dem Boot bis nach Hamburg fahren zu können.

Übrigens: Fischerei war früher in Leipzig ein großes Gewerbe. Das Fischerstechen wurde 1714 zu einem bedeutenden Fest, als August der Starke seinen 44. Geburtstag in Apels Garten feierte. Bei diesem altertümlichen Fest versuchten sich die Fischer jeweils mit Lanzen von den Booten ins Wasser zu stoßen.

Adresse Nonnenstraße 11B, 04229 Leipzig, www.la-gondola-leipzig.de | ÖPNV Tram 1, 14, Haltestelle Nonnenstraße | Öffnungszeiten Buchungen finden nur telefonisch statt unter Tel. 0341/4802626 | Tipp Das jährlich im August stattfindende »Leipziger Wasserfest« besuchen.

49 Die Lange Lene

Das längste Mittelgangwohnhaus Deutschlands

Erst vor Kurzem feierte die Lange Lene 50-jähriges Jubiläum. Der kultige Plattenbau im Leipziger Südosten beherbergt 1.300 Bewohner und 335 Meter Hausflur. Von vorn bis hinten kann man komplett durchlaufen. Man munkelt, dass die Handwerker während der Bauzeit mit Mopeds durch die Gänge gefahren sind.

Zu DDR-Zeiten konnte man sich glücklich schätzen, eine Wohnung in einem Plattenbau zu bekommen. Infolge von Kriegsschäden waren Altbauten oft in einem schlechten Zustand und konnten aufgrund fehlenden Geldes und Materials nicht ausreichend saniert werden. Leipzig war auch damals schon eine beliebte Stadt gewesen und Wohnungen wurden gesucht. Die Lange Lene war eines der besten Dinge, die einem passieren konnten. Es gab eine Zentralheizung, ein eigenes Bad und fließend warmes Wasser! Das war andernorts nicht selbstverständlich!

Ende der 1990er Jahre wurde der gesamte Gebäudekomplex renoviert und Balkone an über 100 Ein- bis Dreizimmerwohnungen angebracht. Die Lange Lene umfasst zehn Stockwerke und vier Hauseingänge und steht seit Ende der 1990er Jahre unter Denkmalschutz.

Die Bewohner müssen für Angebote wie Friseur, Café oder Kosmetik die Wohnanlage nicht verlassen. All das befindet sich im und am Haus.

Namensgeberin ist die sächsische Dichterin Lene Voigt, die bis 1962 lebte und viele Jahre in der ehemaligen Heilanstalt, dem Park-Krankenhaus Dösen, lebte. Sie ist eine berühmte sächsische Mundartdichterin, deren Werke in der Nazizeit verboten waren und erst 1983 wieder entdeckt wurden. Mitte der 1920er Jahre bis Mitte der 1930er Jahre stand sie auf dem Höhepunkt ihrer literarischen Schaffenskraft. Sie brachte zum Beispiel »Säk'sche Balladen I« und »Säk'sche Glassigger« heraus. Später folgten auch viele private Schicksalsschläge und eine Schizophrenie-Erkrankung. Ihr Grab befindet sich heute auf dem Leipziger Südfriedhof.

Adresse Lene-Voigt-Straße, 04289 Leipzig | ÖPNV Tram 15, Haltestelle Franzosenallee; Bus 75, Haltestelle Höltystraße | Öffnungszeiten von außen immer zu besichtigen | Tipp Das ehemalige Park-Krankenhaus in Leipzig-Dösen befindet sich auf einem riesigen, beeindruckenden Areal, welches gerade neu bebaut wird.

50 Die Lederdecke

Leipzigs größtes Messehaus

Moment! Ist diese Decke etwa aus Leder? Tatsächlich sieht sie wirklich so aus, wenn man durch die niedrige Passage mit den altertümlichen Lampen läuft und nach oben schaut, während man Ledergeschäfte passiert, die an alte Markttage erinnern.

Specks Hof ist die älteste erhaltene Ladenpassage in Leipzig. Früher, 1430, um genau zu sein, war es ein großes Wohnhaus gewesen, das auch als Brauhaus und Weinkeller diente. Maximilian Speck von Sternburg kaufte das Gebäude 1815 und gab ihm seinen Namen. 74 Jahre lang blieb es in Familienbesitz. Das Wohnhaus besaß sieben Hinterhäuser. Doch erst 1909 wurde es aufgrund des Baubooms in der Stadt, gemeinsam mit dem Hansahaus, als Handelshaus eröffnet.

Die Ausstellungsfläche betrug 5.000 Quadratmeter und als 1912 die Erweiterung zur Nikolaistraße abgeschlossen wurde, wurden daraus sogar 10 000 Quadratmeter. In Specks Hof befanden sich Jugendstilelemente und Art déco. Ein weiteres Stockwerk wurde von der Nikolaikirchgemeinde verhindert. Trotzdem wurde Specks Hof zu Leipzigs größtem Messehaus. Wunderschöne Passagen, Treppenhäuser und Lichthöfe wurden gebaut. In den 1990er Jahren wurde das Handelshaus renoviert und bekam eine Auszeichnung für das schönste, in diesem Jahr fertiggestellte Gebäude. Bei dieser Renovierung wurde auch das ursprüngliche Dach wieder hergestellt und die künstlerischen Gestaltungen der Lichthöfe professionell wieder instandgesetzt.

Die Kupferdecken, die so aussehen, als wären sie aus gestepptem Leder, erinnern an die alten Messetage und schenken bis heute allen Bewunderung und Staunen, die durch diese Passage flanieren. Bis heute sieht man den Glanz der Vergangenheit, stößt aber jetzt auf moderne Ladenflächen. Gepaart mit den prunkvollen Elementen, ist Specks Hof besonders stimmungsvoll. Beim alljährlichen Leipziger Passagenfest kann man diese ganz besonders wahrnehmen und genießen.

Adresse Reichsstraße 4, 04109 Leipzig, www.speckshof.de | ÖPNV Tram 4, 7, 8, 10, 11, 12, 14, 15, 16, Haltestelle Augustusplatz | Öffnungszeiten dauerhaft geöffnet | Tipp Die Passage »Blauer Hecht« war früher ein Pelzgewerbehaus.

51 Die Leipziger-Notenspur-App

Willkommen bei den Schumanns

Wer weiß, wo Clara Schumann geboren wurde in Leipzig? Und wo sie mit Robert Schumann gelebt hat? Oder was Robert mit dem Arabischen Coffe Baum zu tun hat?

Der CLARO Walk klärt auf. Er ist der erste Klangspaziergang der Notenspur-App, und führt durch Claras und Roberts Leben in der Musikstadt. Die Notenspur-App umfasst mehrere Soundwalks, unter anderem der Notenspur und des Bach-Museums. Leipzig ist die erste Stadt in Deutschland, die solch ein System hat und die Kulturinstitutionen damit verbindet. Der CLARO Walk führt die Besucher in insgesamt sechs Lebens- und Wirkungsstationen des Künstlerpaares Schumann durch die Innenstadt bis zum Schumann-Haus. Bei jeder Station erwartet die Besucher jeweils ein originales Werk der beiden, dazu ein erklärender Text und eine passende Rekomposition von Fabian Russ im 3D-Sound. So erklingt beispielsweise Clara Schumanns Polonaise op. 1 Nr. 4 vor dem Geburtshaus der Pianistin und Komponistin.

Der Klangspaziergang ist kostenfrei. Es ist auch möglich, nur einzelne Stationen zu besuchen. Die Spaziergänge der Notenspur und der CLARO Walk kreuzen sich manchmal bei den Spaziergängen. Dadurch kann man verschiedene Komponisten kennenlernen. Wer richtig aufpasst, entdeckt im Soundwalk noch ein kleines Rätsel. Mit dem richtigen Lösungswort ist der Eintritt im Schumann-Haus kostenfrei.

Es steht in der Inselstraße und ist das erste Museum, das einem Musikerpaar gewidmet ist. Der Besucher taucht in die Leipziger Zeit der Schumanns ein. Diese beiden Menschen besser kennenzulernen, kann nur inspirierend sein!

Für den Soundwalk werden lediglich ein Smartphone und Kopfhörer benötigt. Die App ist über den App-Store sowie Google Play Store verfügbar.

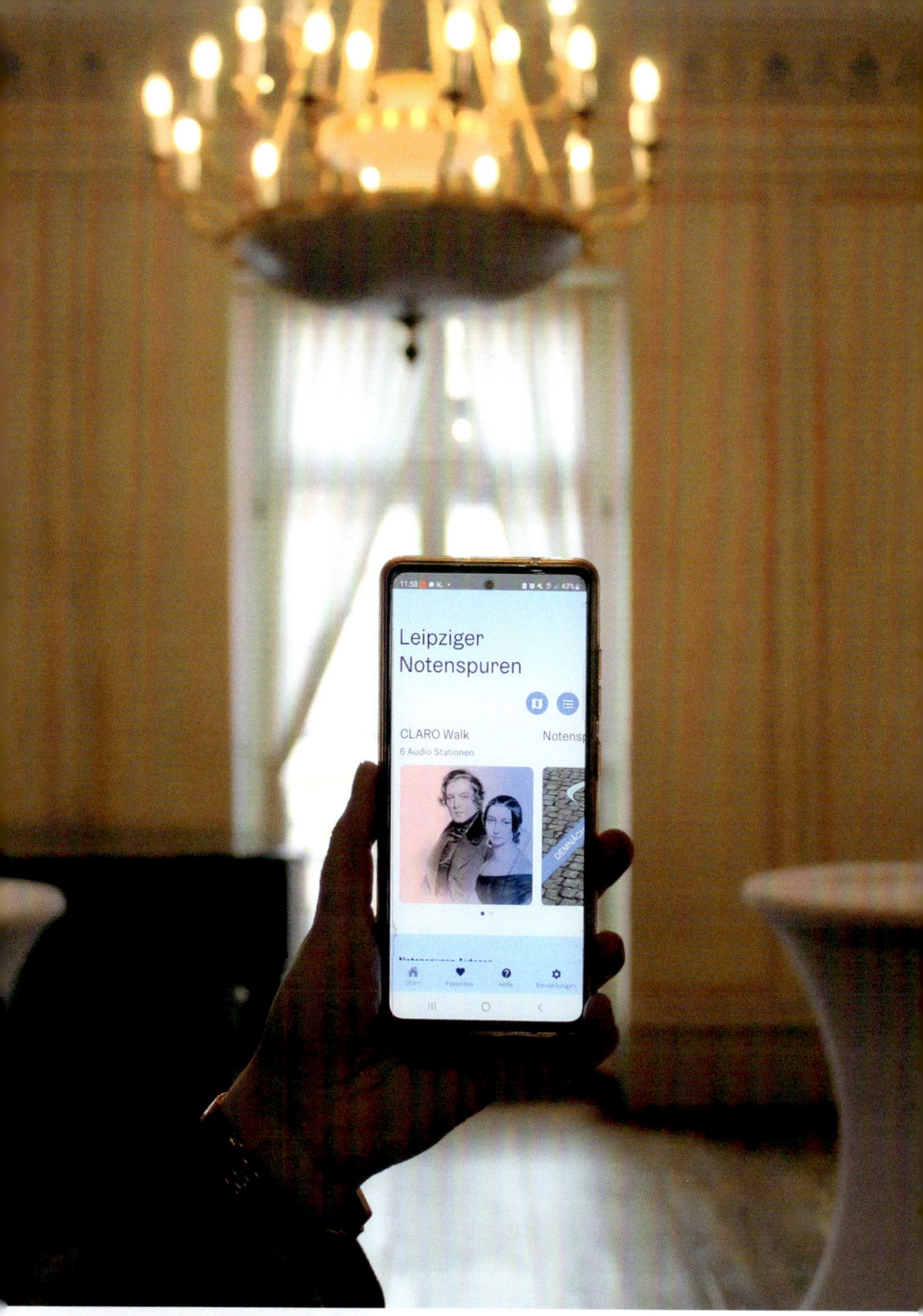

Adresse Station 1 Geburtshaus von Clara Wieck, Preußergäßchen, Ecke Neumarkt, 04109 Leipzig | ÖPNV S 3, 6, Tram 2, 8, 9, 10, 11, 14, Haltestelle Wilhelm-Leuschner-Platz; S 2, Tram 1, 3, 4, 7, 10, 11, 15, 16, Haltestelle Augustusplatz | Öffnungszeiten dauerhaft geöffnet | Tipp Das Bach-Archiv verfügt ebenfalls über einen Soundwalk.

52 Das Leipziger Stadtbad

Veranstaltungen mit historischem Charme

Zur Zeit des Ersten Weltkrieges war Leipzig eine reiche und schnell wachsende Stadt. Doch es mangelte an hygienischen Bade- und Duscheinrichtungen. Die Südbrause in Connewitz war damals eine von mehreren kleinen Duschgelegenheiten. Es gab dennoch viele Badetote, denn die Menschen ertranken in den Flüssen, beim Waschversuch. Der Leipziger Rat wollte diese Tatsache ändern und ließ durch den Stadtbaurat und Architekten Otto Wilhelm Scharenberg das Stadtbad erbauen. Leipzig war reich und wollte repräsentieren, daher sollte das Stadtbad nicht nur bei der allgemeinen Hygiene behilflich sein, sondern vor allem beeindrucken. Bis heute kann man es sich bei Führungen ansehen, vieles ist noch unversehrt und damit von großem denkmalpflegerischem Wert. Eine Förderstiftung kümmert sich darum, dass das historische Stadtbad nachfolgenden Generationen erhalten bleibt.

Damals, zur Eröffnung 1916, war die installierte Wellenanlage einmalig in Europa. Es gab eine Frauen- und eine Männerschwimmhalle. Dabei war die Frauenhalle nur halb so groß. Das Baden war eher für die Besserverdienenden gedacht. Aber kurz bevor das Wasser gewechselt werden musste, durften die Armen, für einen kleinen Obolus darin baden. Es gab auch ein Hundebad und ein Hundespa, einen Friseur, Schlammbäder und Bäder mit elektrischem Licht. Letzteres war damals der »letzte Schrei«. Die Badewannen waren je nach Größe des Portemonnaies in 1.–3. Klasse aufgeteilt und danach richtete sich der Komfort. Wer es sich leisten konnte, besuchte die Sauna, die mit Fliesen á la Alhambra und einer Sonnenterrasse ein orientalisches Flair bot.

2004 schloss das Stadtbad aus baulichen Gründen seine Tore. Das Männerbecken wurde auf Initiative der Förderstiftung 2012 zur Veranstaltungshalle. Die Vermarktung erfolgt durch Exclusiv Events Leipzig. Somit ist das historische Gebäude weiterhin für die Öffentlichkeit zugänglich.

Adresse Eutritzscher Straße 21, 04105 Leipzig, www.stadtbad.net | **ÖPNV** Tram 1, 9, 10, 11, 16, Haltestelle Wilhelm-Liebknecht-Platz; Tram 12, Haltestelle Nordplatz | **Öffnungszeiten** Führungen jeden ersten Sonntag im Monat, Anmeldung unter info@herz-leipzig.de, Veranstaltungen unter www.exclusiv-events-leipzig.de | **Tipp** Im Sommer kann man am Leipziger Stadthafen seine Füße in warmen Sand graben.

53 Die Lerchenbäcker

Das Original seit 1876

Im 18. Jahrhundert wurde in Leipzig ein Gaumenschmaus serviert: gefüllte Feldlerchen. Köche servierten die Lerchen mit Speck, Ingwer und Muskat. Die kleinen Singvögel wurden in Lorbeerblätter eingewickelt und wurden damit zu herzhaften, gefüllten Pasteten. Sofort nach ihrem Fang wurden die Lerchen gerupft, einzeln in Papier eingewickelt und dann in die ganze Welt verschickt. Die Lerchen, die in Leipzig blieben, wurden von sogenannten »Lerchenfrauen« im Salzgässchen, zwischen Alter Börse und Altem Rathaus, an vorbeikommende Passanten verkauft.

Es entwickelte sich ein richtiger Hype auf die Lerchen und alsbald empörten sich die Tierschützer. Schließlich, nach Überjagung und eines starken Unwetters, bei dem viele Lerchen starben, wurde die Jagd 1876 auf den Singvogel endgültig verboten. Damit es einen Ersatz gab, dachten sich die Konditoren in Leipzig etwas Neues aus. Sie entwickelten ein neuartiges Gebäck. Es wurde ein Mürbeteigtörtchen mit Marzipan und Konfitüre: Die Leipziger Lerche. Die beiden übereinander gekreuzten Teigstreifen symbolisieren dabei die Schnüre, mit denen die Vögelchen damals in den Lorbeerblättern umwickelt waren.

Bis zum heutigen Tag produzieren zahlreiche Bäcker in Leipzig täglich frische Leipziger Lerchen. Sie sind drei Wochen lang haltbar. Neben klassisch-originalen Lerchen gibt es auch Pistazien-Lerchen oder Winter-Lerchen. Die Bäckerei Kleinert ist ein alteingesessenes Leipziger Familienunternehmen. 1950 starteten die Großeltern Margot und Werner mit ihrem Handwerk. Die Bäckerei bezieht ihre Zutaten überwiegend von kleinen Betrieben in Mitteldeutschland. Sieben Filialen gibt es inzwischen in der ganzen Stadt.

Nachdem die leckeren Süßgebäcke in der Bäckerei von Ihnen probiert wurden, können Sie sich auch selbst einmal am Backhandwerk probieren. Die Bäckerei Kleinert bietet Kurse zum Lerchenbacken für jedermann an.

Adresse Stammsitz Bäckerei Kleinert, Lützner Straße 192, 04179 Leipzig, www.leipziger-lerchen-spezialist.de | ÖPNV Tram 8, 15, Bus 80, Haltestelle Credéstraße | Öffnungszeiten Mo–Fr 6–19 Uhr, Sa, So 7–17 Uhr, Feiertage 7–11.30 Uhr | Tipp In der Bäckerei »Martinas Brotgefühle« gibt es glutenfreie Lerchen.

54 Das Lichterfest

Drei Parks in einem

Jedes Jahr im Spätsommer verwandelt sich der agra-Park in ein prächtiges Lichtermeer. Zahlreiche Lichtinstallationen verwandeln den Landschaftsgarten in ein ganz besonderes, nächtliches Abenteuer. Stummfilme werden gezeigt, Musik spielt, Stelzenläufer bewegen sichzwischen den Besuchern umher und die Licht-Show verblüfft Groß und Klein. Es gibt leckeres Essen und viele verschiedene Aktionen zum Mitmachen und Entdecken.

Wenn die Sonne langsam am Horizont verschwindet, erwacht der agra-Park zu einem funkelnden Märchenland. Tausende von Lichtern tauchen die weitläufigen Beete und Wiesenin ein schimmerndes Lichtermeer. Die Bäume verwandeln sich in märchenhafte Lichtwesen, die scheinbar zum Leben erwachen. Familien und Kinder können vorab am Torhaus Dölitz (siehe Ort 92) und auf der Buchenwiese Lampions basteln und anschließend am Umzug durch den agra-Park teilnehmen.

Im agra-Park baute der Zeitungsverleger und königlich-württembergische Konsul Paul Herfurth 1890 seinen Sommerlandsitz mit Herrenhaus und einer Parklandschaft nach englischem Vorbild. In den 1920er Jahren gab es eine Parkerweiterung bin zum Schlosspark in Dölitz. Auf 50 Hektar umfasst die Anlage heute drei verschiedene Parks und gilt damit als eine der größten Gründerzeitparks in Sachsen. Die Bezeichnung agra-Park geht auf die Landwirtschaftsausstellung zurück, die bis 2003 auf dem Veranstaltungsgelände stattfand. Nach wie vor ist das Gelände ein wichtiger Ort für diverse Veranstaltungen. Auch geschichtsbegeisterte kommen nicht zu kurz: Verschiedenen Museen kann man im Park einen Besuch abstatten.

Das Weiße Haus steht auf dem höchsten Punkt des Parks. Es ist von einem Versailler Lustschloss inspiriert. Im Inneren des Hauses befindet sich ein vergoldeter Spiegelsaal. Seit 2016 Standesamt der Stadt Markkleeberg. Ein herrlicher Ort zum Feiern und anschließend im Park Fotos des großen Tages machen zu lassen.

Adresse Raschwitzer Straße 13, 04416 Markkleeberg, www.agra-park.de | ÖPNV S-Bahn S 4–6, Haltestelle Markkleeberg-Nord | Öffnungszeiten Außer bei Sonderveranstaltungen ist der Park täglich von 6–23 Uhr geöffnet. Außerhalb der Öffnungszeiten ist der Aufenthalt untersagt. Ausgenommen: Die Benutzung des öfftl. Rad- und Fußweges auf der Wegeführung, Veranstaltungen siehe Website | Tipp Der Mönchereiplatz ist jährlich im Oktober Veranstaltungsort für die Schlachtnachstellungen im Gedenken an die Völkerschlacht 1813.

55 Der Lindenauer Hafen

Lost Place eines großen Traums

Leipzig sollte per Wasserweg an die Nordsee angebunden werden, und damit an die Weltmeere. So der Plan. Den Hafen gibt es immer noch, nur fertiggestellt wurde der große Traum nie. Bis jetzt. Baubeginn war 1938. Karl Heine, der Plagwitz zum Industriestandort mit entwickelt hatte, wollte für den Transport von Rohstoffen auf Schiffe nicht verzichten.

Doch schon fünf Jahre später wurden die Arbeiten wieder eingestellt. Die drei großen Speicherhäuser, die Hafenbahnanlage und ein Anschluss zu einer Industriebahn waren zu dem Zeitpunkt schon fertig. Die Speicherhäuser stehen nun als riesige, beeindruckende Lost Places als Erinnerung am ehemaligen Hafen.

Die Anbindung an den Elster-Saale- Kanal und den Karl-Heine-Kanal blieb damals unvollendet, dadurch war der Lindenauer Hafen bis 2015 per Boot nicht erreichbar. Er blieb also fast 80 Jahre lang ohne Wasser. Bis zum Kriegsende wurden die Speicherhäuser für Getreide von privaten Unternehmen genutzt. Da sie aus Stahlbeton errichtet worden waren, boten sie guten Schutz vor Splittern durch Kriegsbomben. Doch 1946 entstand in dem einen Silo ein großer Schaden durch eine Explosion, der nie behoben wurde. Seit den 1990er Jahren stehen die Getreidespeicher leer. Doch man kann heute noch an den Hauswänden lesen, welchen ehemaligen Firmen sie gehörten. Ein Überbleibsel aus einer längst vergangenen Zeit.

2015 begann man, die Anbindung vom Karl-Heine-Kanal an den Lindenauer Hafen zu fluten. Drei Wochen später war der Prozess vollendet und noch im selben Jahr wurde diese Verlängerung eingeweiht. Inzwischen wurde auch eine Promenade am Hafen erschaffen, und ein neues Stadtviertel entstand, das nun tatsächlich wassernah ist und vielleicht sogar irgendwann einmal auf einen »richtigen« Hafen blickt. Nach Jahrzehnten des Stillstands wurde das Areal nun zu einem Schlüsselprojekt für die städtische Entwicklung.

Adresse Plautstraße 78, 04179 Leipzig | ÖPNV Bus 60, Haltestelle Hafentor | Öffnungszeiten Außenbetrachtung rund um die Uhr möglich | Tipp Die Schönauer Lachen grenzen an den Lindenauer Hafen und sind ein Naherholungsgebiet.

56 Das LURU

Analoges Kino

Das LURU Kino in der Spinnerei ist das wohl am besten versteckte Lichtspielhaus der Stadt. Auf dem Spinnereigelände gelegen, findet man es hinter dem großen Schornstein, wenn man die Treppen hinuntergeht. Der kleine Kinosaal ist mit 50 Sesseln ausgestattet. Täglich kann man hier Filme schauen. Klassiker, neue Hollywood-Filme, aber auch europäisches Arthouse-Kino. Kindergeburtstage kann man hier feiern, oder für sein nächstes Event direkt das ganze Kino mieten. In den Sommermonaten mutiert das LURU Kino in der Spinnerei zu einem beliebtem Open-Air-Sommerkino.

Das Kino bringt Menschen zusammen, um zusammen Geschichten zu erleben. Das gemeinsame Lachen, Mitfiebern und Erschrecken, schafft ein einzigartiges Gemeinschaftsgefühl.

Das analoge Kino stirbt langsam, aber sicher aus. Da sind noch ein paar Filmmuseen und Filmclubs, die die historische Aufführung hochhalten. Aber ansonsten sind nahezu alle heutigen Kinos inzwischen digitalisiert. Die meisten rangierten ihre 35mm-Vorführgeräte und -Filmkopien aus.

Nicht so das LURU. An ausgewählten Sonntagen finden analoge Filmvorführungen statt. Immer von Januar bis April. Filmdoppel mit historischen 35mm-Filmkopien werden präsentiert. Filmstreifen mit ihren jeweiligen Zeit- und Gebrauchsspuren mit Licht zu bestrahlen und überlebensgroß auf die Leinwand zu werfen, ist nicht bloß Retro-Trend, so empfinden es die Betreiber des LURU, sondern verstehen es als ein Alternativkino, das es dringend zu erhalten gilt.

Historische Filme auf historischem Material zu spielen heißt, sie so zu zeigen, wie sie sind. Dadurch sieht man die Spuren der Zeit, und wie die Farbnuancen und der Kontrast dem Bild eine besondere, eine eigene Qualität und Ästhetik verleihen. Auch der Ton im analogen Kino ist besonders, hat diesen charakteristischen Klang: leises Rauschen, Knistern und Knacken. Das trägt zur Authentizität und Gemütlichkeit der Vorführung bei.

Adresse Spinnereistraße 7, 04179 Leipzig, www.luru-kino.de | ÖPNV Tram 14, Bus 60, Haltestelle S-Bahnhof Plagwitz | Öffnungszeiten Veranstaltungen siehe Website | Tipp Im Sommer die Filmnächte im Scheibenholz besuchen.

57 Die Mädlerpassage

Und nebenan ein königliches Gästehaus

Die bekannteste Passage der Stadt ist ein echter Touristenmagnet. Ihre 140 Meter lange Einkaufsstraße ist überdacht und eine der prachtvollsten Ladenpassagen. Sie ist aber nicht nur bekannt für ihre exklusiven Boutiquen und Geschäfte, die Mode, Schmuck, Accessoires und Kunsthandwerk anbieten, sondern auch ein Stück lebendige Geschichte.

Leipzig ist bekannt für seine Passagen. Allein in der Innenstadt entstanden zwischen 1893 und 1938 30 Messehäuser, die über Aufzüge und Pförtner verfügten. Wenn es regnet, kann man als Fußgänger von Passage zu Passage laufen und die Innenstadt beinah trocken durchqueren. Denn die überdachten Gebäude erschlossen sich Grundstücke, die ursprünglich nichts miteinander zu tun hatten.

Zwischen 1530 und 1911 war das Grundstück mit Auerbachs Hof bebaut. Anton Mädler kaufte diesen und auch das Nachbargrundstück auf. Er ließ die Gebäude abreißen und errichtete bis zum Jahr 1914 das Messehaus Mädler-Passage. Die Passage allein ist schon beeindruckend, doch wagt man einen Blick auf das Haus rechts daneben, wird einem dort eine spannende Inschrift auffallen, die einen Hinweis auf die Geschichte des Hauses wirft. Der Nachbar der Mädlerpassage ist das sogenannte Königshaus. Es diente der Stadt Leipzig zwischen dem 16. und 19. Jahrhundert als eine Art Gästehaus für hochrangige Besuche.

Früher »Apels Haus« genannt, nächtigte hier der Kurfürst von Sachsen, wenn er in Leipzig war. Auch Kurfürst Friedrich August I. wohnte im 18. Jahrhundert hier. Genauso wie der preußische König Friedrich II. und auch Napoleon hatte am 19. Oktober 1813 seine letzte Besprechung mit dem König von Sachsen an diesem Ort. Letzterer wurde hier auch festgenommen. Seit 1904 heißt das Haus offiziell »Königshaus«.

1932 wurde im Erdgeschoss eine Passage angelegt, die zur Messehofpassage führt.

Adresse Grimmaische Straße 2–4, 04109 Leipzig | ÖPNV Tram 1, 3, 4, 7, 10, 11, 15, 16, Haltestelle Augustusplatz | Öffnungszeiten dauerhaft geöffnet | Tipp Typisch sächsisch essen im Lerchennest.

58 Der Matthäikirchhof

Barfüßer und Stasi-Überbau

Nur der Name einer kurzen Anliegerstraße weist auf den damaligen Kirchhof hin. Ab dem 11. Jahrhundert entstand an diesem Ort eine slawische Burg, die urbs Libzi, als Teil einer Siedlung. Aus der Burg entstand später ein Kloster, ein Friedhof wurde angelegt und auch eine Klosterkirche erbaut. 1543 wurde das Kloster niedergerissen, auf dem Grund wurden Wohnhäuser errichtet. Im 17. Jahrhundert wurde die Kirche wieder neu geweiht und auch ein Brunnen wurde gebohrt. Hier, auf dem Matthäikirchhof, wohnten unter anderem die Töchter von Johann Sebastian Bach.

Trotz der zahlreichen Umbauten in den kommenden Jahren veränderte sich der Kirchhof kaum. Es war ein eher abgeschirmtes Areal, auch die Messeleute kamen hier nicht vorbei: Es gab neben der Kirche keine weiteren öffentlichen Gebäude. Im Zweiten Weltkrieg wurde der Kirchhof dann jedoch total zerstört.

Danach gab es viele Pläne zur Neunutzung und zum Wiederaufbau, aber nichts davon wurde je umgesetzt. Die Leipziger Stasi-Zentrale begann 1957 damit, einen Saal an die »Runde Ecke« anzubauen um sie zu erweitern. Dieser Anbau nahm teilweise die Fläche der alten Kirche ein. Am 2. November 1979 folgte die Grundsteinlegung für einen Erweiterungsbau der Stasi-Zentrale. Das Bauwerk war ungefähr sechs Jahre später fertiggestellt und von der Bevölkerung vollständig abgeschirmt. Der Innenhof war nicht öffentlich zugänglich, man nannte ihn »Ohrenburg«. Er war regelrechte Festung des Misstrauens.

Heute ist der Matthäikirchhof ein überbauter Raum, in der ehemaligen Stasi-Zentrale befinden sich noch historisch bedeutende Räume, wie beispielsweise das Büro des letzten Leipziger Stasi-Chefs Manfred Hummitzsch, ein ehemaliger Wartesaal der Stasi-eigenen Poliklinik und die Kegelbahn (siehe Ort 88).

In den kommenden Jahren soll der Matthäikirchhof wieder belebt werden und ein urbanes, vielfältig genutztes Quartier entstehen.

Adresse 04109 Leipzig, neben der Gedenkstätte Museum in der »Runden Ecke« | **ÖPNV** Tram 9, 16, Bus 89, Haltestelle Thomaskirche | **Tipp** Franziskaner wurden, weil sie ein Bettelorden waren, auch Barfüßer genannt. Daher der Name des angrenzenden Barfußgässchens.

59 Der MDR

Die Studiotour

Wer kennt die erfolgreiche Fernsehsendung »In aller Freundschaft«? Die Sachsenklinik erfreut sich bundesweit einer großen Beliebtheit. Gedreht wird in den Studios 1 und 2, dort befinden sich die Klinikräume. Das Krankenhauspersonal flitzt umher, die Rettungssanitäter schieben schnell einen verunfallten Menschen herein und dazwischen stehen Kameras, Tontechniker und Regieassistenten. Hier sind auch die Wohnräume der Schauspieler*innen und die Patientenzimmer.

Ein Highlight für Gäste sind auch die Außendrehs, die rund ums Studio stattfinden. Zahlreiche Flächen der »media city leipzig« sind oft für Dreharbeiten im Einsatz. Das Haus B der Sachsenklinik liegt in einem gläsernen Seitenbereich der media city leipzig und ist über die angrenzende Steinstraße von außen einsehbar.

Auch die vielen langen Krankenhausgänge erkennen Fans der Serie bei einem Rundgang durch die »media city leipzig« wieder. Dabei handelt es sich eigentlich um die Bürogänge der regulären Mieter. Mit ein paar professionellen Handgriffen und Requisiten werden diese so umdekoriert, dass für die Zuschauenden ganz klar ist: Wir befinden uns in der Sachsenklinik.

Die »media city leipzig« ist aber noch viel größer als die Sachsenklinik. 13.000 Quadratmeter Mediengewerbefläche erstecken sich auf fünf Gebäude. Mit der 1,5-stündigen MDR-Studiotour hat man die Möglichkeit, gemeinsam mit einem Tourguide, durch die Studios der »media city leipzig« und dem MDR zu laufen. Mehr als 600.000 Besucher wurden schon gezählt. Besonders für die Fans von »In aller Freundschaft« ist der erste Teil spannend, in dem sie durch viele bekannte Drehorte gehen. Die Studios selbst betreten die Gäste jedoch nicht. In einem extra nachgebauten Nachrichtenstudio kann man sich als Gast selbst vor laufender Kamera als Moderator*in ausprobieren und mit Hilfe eines Teleprompters die Nachrichten vorlesen. Das Mindestalter für die Führung beträgt zwölf Jahre.

Adresse Altenburger Straße 13, 04275 Leipzig, www.mdr-die-studiotour.de | ÖPNV Bus 74, Haltestelle Leipzig, Südvorstadt, Lößniger Straße | Öffnungszeiten Mo–So (Führungen nur nach bestätigter Voranmeldung) um 10 Uhr, 11 Uhr, 12 Uhr und 13 Uhr, Fr auch 19 Uhr, keine Touren an Feiertagen | Tipp Einen Pubquizabend bei Noels Ballroom besuchen.

60 Der Ming-Brunnen

Chinesische Schwingungen

»So wie ihr Augen habt, um das Licht zu sehen und Ohren, um Klänge zu hören, so habt ihr ein Herz, um die Zeit damit wahrzunehmen.« In Leipzigs Passagen gibt es viel zu entdecken. Im Hansa-Haus steht in der Mitte zwischen den Geschäften eine Nachbildung aus der chinesischen Ming-Dynastie. Beginnt man, rechts und links an den Henkeln oder Rändern zu reiben, beginnt das Wasser zu schwingen und zu klingen. Dafür braucht man den immer gleichen Rhythmus in der Bewegung und etwas Wasser an den Fingern. Um die Schale herum, auf dem Boden, sind die vier Himmelsrichtungen und ein Uhrenzifferblatt aufgezeichnet.

Früher war das Hansa-Haus ein barockes Gebäude, in dem Gotthold Ephraim Lessing als Student wohnte. 1904–1906 wurde es zu einem Messehaus, übrigens dem Ersten, das ausschließlich Messezwecken diente. Am Fassadengiebel befand sich ein großer Seefahrerkopf aus Stein. Dieser gab dem Hansahaus seinen Namen. Im damaligen Messehaus gab es einen Leseraum und Friseur, ein Schreibzimmer und einen Erfrischungsraum. Alles war für die Messeteilnehmer im Haus ausgelegt. Später wurde ein Durchbruch zu Specks Hof durchgeführt, sodass man heute eine große Passage durchlaufen kann.

Im Zweiten Weltkrieg wurde das Messehaus durch einen Bombenangriff stark beschädigt. Nur der Innenhof blieb erhalten. Doch nach notdürftiger Instandsetzung und späterer Renovierung konnten die Messen nach dem Krieg wieder stattfinden. Später wurden die Räumlichkeiten von einem Ministerium der DDR genutzt.

Das Hansahaus wurde im 20. Jahrhundert, in den 1990er Jahren, nochmals abgerissen und neu aufgebaut, dabei wurde darauf geachtet, den Jugendstil im Innenhof zu belassen und die historische Dachverglasung wieder aufzubauen. Diese war aufgrund ihrer Größe besonders. Über den Türen sieht man Köpfe des Gottes Merkur. Er gilt als Schutzgott der Händler und wurde daher nicht willkürlich für das Messehaus ausgewählt.

Adresse Grimmaische Straße, 04109 Leipzig | ÖPNV Tram 1, 3, 4, 7, 10, 11, 12, 15, 16, Haltestelle Augustusplatz | Öffnungszeiten dauerhaft geöffnet | Tipp Im Imperii leckere Cocktails trinken.

61 Der Motorrollerverleih

Simson und Moped fahren

Neben der Kfz-Werkstatt direkt am Naherholungsgebiet Lößnig befindet sich der Moped- und Rollerverleih ROMOP. Johanna und Maximilian machen es möglich, Leipzig flexibler zu erkunden. Schluss mit der ewigen Parkplatzsuche: Um gemeinsam mit den Freunden zum See zu fahren oder Leipzig zu erkunden, kann man einen ihrer coolen Roller mieten. Man kann aktuell zwischen einer großen Auswahl an Simson Schwalben und Simson S51 wählen. Egal, welchen Führerschein man besitzt – ROMOP hat den passenden fahrbaren Untersatz für jeden.

Egal ob nostalgische Simson oder ein modernes Zweirad: Man kann die Mopeds und Roller bis zu 24 Stunden lang ausleihen. Von März bis Oktober ist Hauptsaison, buchen kann man direkt bei ROMOP über die Website.

Die junge Familie möchte die alten Fahrzeuge auch der jüngeren Generation möglich machen. Daher gibt es keine Zusatzversicherungen, wenig Bürokratie, sondern nur eine Kaution zu hinterlegen.

1962 begann das Unternehmen Simson Mopeds, Mokicks und Roller zu bauen. 1964 war die Taufe für eines der bekanntesten Roller der DDR: Die Schwalbe KR 51. Mopeds sind bis heute Kult. Die Schwalbe ist das meistgefahrenste Kleinkraftrad. Eine Schwalbe ist das kleinste Motorrad, das man mit einem B-Führerschein fahren kann. Nostalgisch, mit DDR-Charme geht es mit 50 Kubik und 60 Kilometer pro Stunde nach etwas Üben raus aus der Stadt zum Markkleeberger See. Einen Picknickkorb kann man dazu buchen, er wird am Roller festgebunden. Der Korb ist gefüllt mit allerhand Leckereien wie Baguette, Säften, Obst, Käse und Desserts. Dazu gibt es eine Decke und Geschirr. Einen Helm und ein Mischöl gibt es gratis dazu. So steht dem traumhaft schönen, romantischen Erlebnis nichts mehr im Weg. Wer lieber gemeinsam mit mehreren Freunden einen Ausflug machen möchte, kann sich mehrere Schwalben mieten und als Gruppe ins Grüne düsen.

Adresse Leinestraße 83, 04279 Leipzig, www.romop.de | ÖPNV Tram 11, Haltestelle Friederikenstraße | Öffnungszeiten Buchungen verlaufen über die Website | Tipp Die Kirchenruine Wachau ist ein schönes Ausflugsziel und lädt zu vielen Veranstaltungen ein.

62 Das Museum der bildenden Künste Leipzig

176 Jahre Kunst

Im Jahr 1837 kam ein Leipziger Kunstverein auf die Idee, ein eigenes Kunstmuseum zu errichten. Am 10. Dezember 1848 war es dann so weit: Der Verein eröffnete das Städtische Museum auf der Moritzbastei. Ungefähr hundert zusammengetragene und gestiftete Werke wurden ausgestellt. In den nachfolgenden Jahren wuchs die Sammlung aufgrund zahlreicher Spenden beständig an.

1937 wurden 394 Gemälde und Grafiken von den Nationalsozialisten beschlagnahmt. 1941 begann man, einen Erweiterungsbau zu planen, denn schon lange fehlte es an Modernisierungen. Elektrisches Licht, Abwasserkanäle, aber auch eine Klimatisierung, die Temperaturschwankungen ausglich, waren für den langen Erhalt der kunstvollen Gemälde überlebenswichtig. Doch 1943 brannte das Gebäude durch einen Luftangriff aus. Glücklicherweise hatte man vorher einen Großteil der Kunst in Sicherheit bringen können. In den Jahren danach folgten einige Interimslösungen, erst am 4. Dezember 2004, also genau 61 Jahre nach der Zerstörung des Museums, wurde der neue, heutige Museumsbau eröffnet.

Anlässlich des Neubaus stiftete ein Kunstsammlerpaar 41 Werke französischer Künstler, beispielweise von Claude Monet oder Jean-Baptiste Corot.

Das Museum auf über 7.000 Quadratmetern verteilt sich auf mehreren Etagen und umfasst Werke aus dem Spätmittelalter bis in die Gegenwart. Bedeutendste Teile der Sammlung sind beispielsweise Werke von Caspar David Friedrich oder die Beethovenplastik von Max Klinger. Auch Werke der Leipziger Schule von Künstlern wie Tübke, Mattheuer oder Rauch sind vertreten. Es werden Führungen für Kinder angeboten. Übrigens: Seit diesem Jahr ist der Zugang zu den Dauerausstellungen in allen städtischen Museen in Leipzig kostenfrei.

Adresse Katharinenstraße 10, 04109 Leipzig, www.mdbk.de | ÖPNV Tram 1, 3, 4, 7, 10, 11, 16, 51, Bus 72, 73 Haltestelle Hauptbahnhof | Öffnungszeiten Di, Do–So 10–18 Uhr, Mi 12–20 Uhr, Feiertage 10–18 Uhr | Tipp Endlich mal den ganzen Tag frühstücken? Dann ab ins »Endless«.

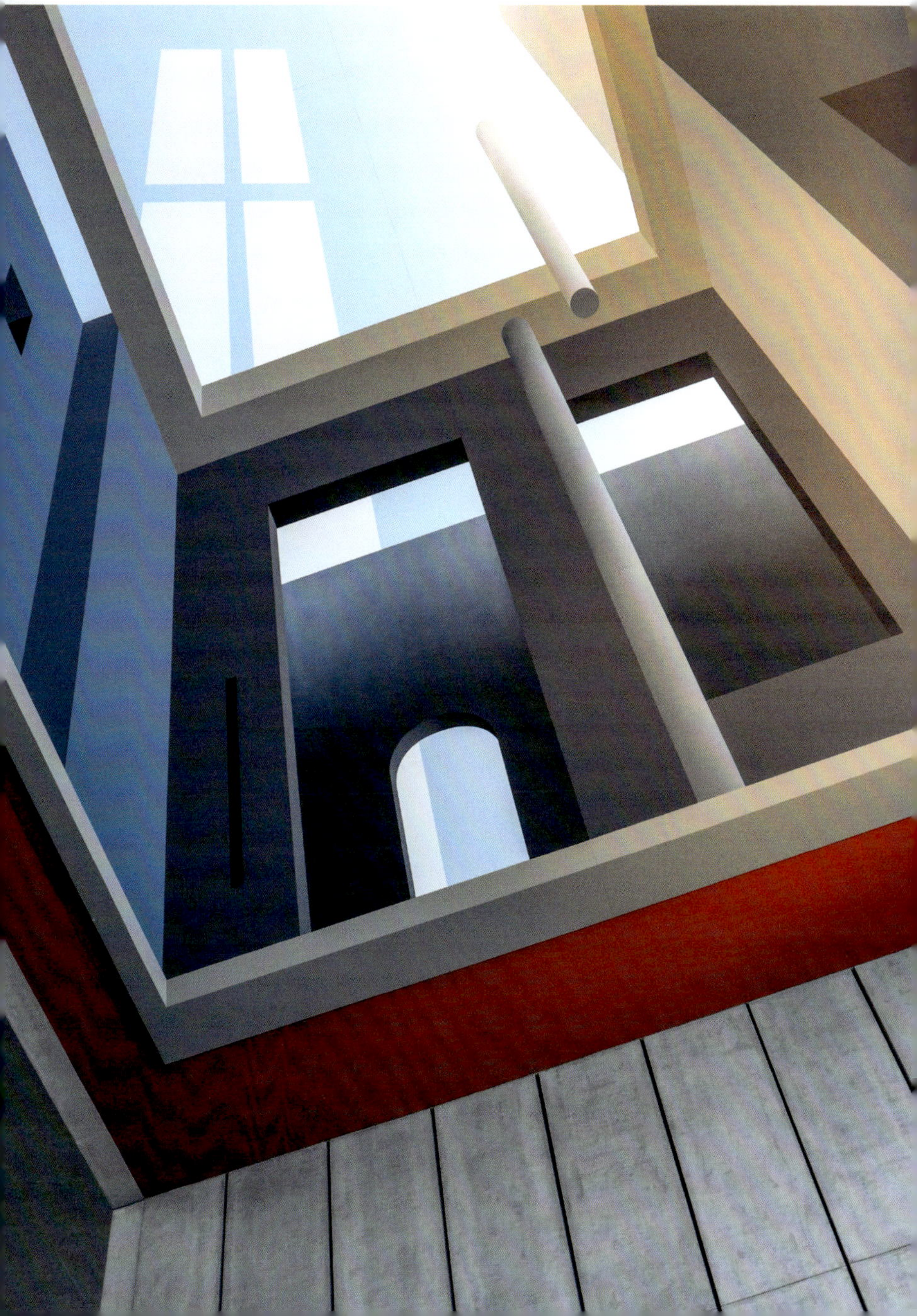

63 Die Nacht der Kunst

Straßenfest und Lebensgefühl

Am ersten Samstag im September wird Kunst lebendig greifbar. Rund um die Georg-Schumann-Straße in Gohlis trägt das Kunst- und Kulturevent dazu bei, einen lebenswerten Stadtraum zu erschaffen. Vereine, Anwohner, Geschäfte und Künstler sind Teil des bunten Treibens. Seit den späten 1990er Jahren entwickelte sich die Veranstaltung zu einem festen Bestandteil des kulturellen Kalenders. Inspiriert von anderen »Nächten der Kunst« weltweit, begann Leipzig, seine einzigartige künstlerische Identität durch dieses nächtliche Event zu feiern.

Während der Nacht der Kunst öffnen zahlreiche Galerien, Ateliers und kulturelle Einrichtungen ihre Türen bis spät in die Nacht. Der Stadtteil wird zu einer riesigen Kunstgalerie. Darunter auch die Blumenboutique Gänseblümchen auf der Gohliser Straße. Mutter und Tochter, Jeannette und Jennifer, setzen ein Zeichen dafür, Floristik als Kunst zu verstehen. Ihre Boutique ist gezeichnet durch ihre besondere Hingabe und Liebe zu ihrer Arbeit. Beide zeichnen aber auch Collagen und experimentelle Illustrationen. Diese kann man, wann immer man ihren Laden betritt, besichtigen. Doch zur Nacht der Kunst wird dieser Leidenschaft besondere Aufmerksamkeit gewidmet.

Die Nacht der Kunst verwandelt nicht nur die Innenräume, sondern auch die Außenbereiche der Stadt. Beleuchtete Wahrzeichen, Straßenkunst und Projektionen schaffen eine faszinierende Atmosphäre, die auch die Straßen von Leipzig in ein Kunstwerk verwandelt. Musiker, Theateraufführungen, Essensstände und erlesene Getränke machen den Tag und Abend zu einem Erlebnis für alle Sinne.

Ein besonderes Merkmal der Nacht der Kunst in Leipzig ist die Möglichkeit, sich als Besucher aktiv an Kunstprojekten zu beteiligen. Dabei wird Kunst nicht nur an den etablierten Orten gezeigt, sondern Geschäfte, leerstehende Gewerberäume oder Toreinfahrten verwandeln sich für diese eine Nacht in eine Kunstgalerie.

Adresse Georg-Schumann-Straße, 04155 Leipzig, www.ndk-leipzig.de | ÖPNV Tram 12, Haltestelle Georg-Schuhmann-/Lützowstraße | Öffnungszeiten Veranstaltungstermine finden sich auf der Website | Tipp Le Caphe ist das erste vietnamesische Café in Leipzig Gohlis.

64 Die nackte Frau

Die Passagen in Specks Hof

In Specks Hof (siehe Ort 50) werden die Passagengänge durch hohe Lichthöfe unterbrochen. Sie besitzen 40 bis 50 Quadratmeter Größe und sind künstlerisch immer wieder anders gestaltet.

Die nackte Frau muss man allerdings schon etwas länger suchen, um sie ranken sich einige Geschichten, die verschiedene Leipziger Stadtführer immer wieder anders erzählen. Moritz Götze ist der Künstler, der diese über 20.000 keramischen Platten gestaltet hat. Es stellt eine Geschichte der Leipziger Messe dar.

In der Tradition der Art Brut, der Pop Art und im Comic Stil gibt es hoch oben im Lichthof viel zu entdecken. Darunter sind auf Meißner Fliesen vom Leipziger Maler Heinz-Jürgen Böhme Vorgängerbauten der Nikolai- und der Reichsstraße dargestellt.

Wahrscheinlich soll die nackte Dame auf die sexuellen Freuden der Messetage hinweisen. Doch es gibt auf jeden Fall noch mehr als nur dieses Thema auf diesem großen Wimmelbild zu entdecken. Dieses Wandgemälde einmal länger und in Ruhe zu betrachten und sich dabei bewusst zu machen, auf wie viele Jahrhunderte Leipzig als geschichtsträchtige Stadt zurückblicken kann, wie viele Menschen vor uns schon durch Specks Hof gelaufen sind, hier gehandelt und eingekauft haben, fühlt sich nach einer achtsamen Erfahrung an. Wie diese Stadt schon vor 100 Jahren blühte und lebte und wir bis heute die Nachwehen davon sehen können.

Das Meißner Fliesenrelief im Lichthof wurde in den 1990er Jahren in der Zeit der Restaurierung vorsichtig geborgen, das neun mal anderthalb Meter lange Wandbild aus bemalten Fliesen wurde von Experten aus dem Bauwerk gelöst und geborgen. Auch alle Türklinken, Gitter, Kupferfiguren, Lampenkörper und noch mehr wurden teilweise unter sehr schweren Bedingungen ausgebaut, instandgesetzt und wieder montiert. Dafür erhielt die Kunstschmiede Althammer 1996 den 1. Platz des Denkmalpreises.

Adresse Grimmaische Straße, 04109 Leipzig | ÖPNV Tram 4, 7, 8, 10, 11, 12, 14, 15, 16, Haltestelle Augustusplatz | Öffnungszeiten dauerhaft geöffnet | Tipp Einen Nachmittag lang Sole atmen im Gradierwerk in Bad Dürrenberg.

65 Die naTo

Stadtteilkultur auf der Karli

Die Veranstaltungsstätte im Leipziger Süden ist ein soziokulturelles Zentrum und Verein, aber auch noch so viel mehr als das. Zum Beispiel eines der ältesten Leipziger Kulturzentren in freier Trägerschaft überhaupt. 1949 wurde der Vorgängerbau des Heutigen, ein Holzpavillon, errichtet und als Versammlungsort der »Nationalen Front der DDR« genutzt. In der Nationalen Front wurden nach Gründung der DDR alle zugelassenen Parteien vereinigt, also gleichgeschaltet und diszipliniert, sodass man die Vormachtstellung der SED festigen konnte.

Im Juni 1953 legten jedoch Mitarbeitende aus 600 Betrieben ihre Arbeit nieder. Sie waren unzufrieden, und aus dem Streik heraus entwickelte sich ein Aufstand, der die ganze DDR erfasste. Am 17. Juni protestierten circa eine Million Menschen gegen die politischen und wirtschaftlichen Gegebenheiten. Der sozialistische Staat schlug den Aufstand brutal nieder. Menschen starben und wurden festgenommen. Während dieses Volksaufstandes wurde auch der Holzbau der Nationalen Front niedergebrannt. Hinterher wurde er aus Stein wiederaufgebaut und zum Kulturhaus ernannt. »NaFro« oder »naTo« nannte ihn damals der Volksmund.

Ab 1982 wurde aus dem ehemals politischen Treffpunkt ein Ort für die jugendliche Alternativkultur. Es fanden Kunsthappenings, Theateraufführungen und auch Jazzkonzerte statt. Nebenbei wurde das Gebäude auch noch von der Stasi und der Bezirkspolizei genutzt, aber gerade dieser spannende und ambivalente Mix machte den naTo über die Stadtgrenzen hinaus bekannt.

Nach der Wende wurde der naTo zu einem Kulturverein in freier Trägerschaft. Bis heute gibt es hier Konzerte, Kunstausstellungen, Theatervorstellungen, Literaturlesungen und Filmabende von der Cinémathèque Leipzig e. V.. Einzigartig ist auch der jährlich vom naTo ausgerichtete »Prix de Tacot«, das Seifenkistenrennen am Völkerschlachtdenkmal.

Adresse Karl-Liebknecht-Straße 46, 04275 Leipzig, www.nato-leipzig.de | ÖPNV Tram 10,11, Haltestelle Südplatz | Öffnungszeiten Mo–So 18.30–2 Uhr | Tipp Wie wäre es mit Frühstück oder Mittagessen bei der Feinkost Röseling um die Ecke?

66 Die Nikolaisäule

Ein Symbol für 1989

Neben der Nikolaikirche ragt majestätisch eine Säule in den Himmel. Sie ist prachtvoll, man weiß direkt, dass sie wohl etwas bedeutsames aussagen möchte. Tatsächlich ist sie auch ein geschichtsträchtiges Symbol für die Stadt. Die Nikolaisäule, auch als Friedenssäule bekannt, wurde in 1990er Jahren im Nikolaikirchhof errichtet. Dieser Standort ist von großer historischer Bedeutung, da er eng mit den Ereignissen zum Ende der DDR verbunden ist. Die Montagsdemonstrationen, die ab 1989 in Leipzig stattfanden und hier starteten, wurden zu einem wesentlichen Bestandteil der Friedlichen Revolution, die schließlich zur Wiedervereinigung Deutschlands führte.

1989 eroberte der Protest, ausgehend von den Friedensgebeten in der Nikolaikirche, den öffentlichen Raum. Die Säule, die nach den Entwürfen des Leipziger Künstlers Andreas Stötzner gefertigt wurde, steht symbolhaft für diesen Gedanken, dass der Aufbruch, die Friedliche Revolution aus der Kirche heraustrat. Sie ist gekrönt mit Palmwedeln und ein stummer Zeuge und ein Symbol für den Wunsch nach Freiheit und Demokratie. Mit ihrem Aussehen erinnert sie an die Freiheitsbäume der Jakobiner. Diese übernahmen zur Zeit der französischen Revolution das Symbol des Freiheitsbaumes.

Der Bildhauer Markus Gläser realisierte den Bau. 260.000 Deutsche Mark kostete er damals. Dafür nahm Gläser Abdrücke der Säulen in der Kirche und entschied sich für einen offenen Abschluss, da die Säule als Symbol für die friedliche Revolution freistehen sollte.

Am 9. Oktober 1999, dem zehnten Jahrestag der Friedlichen Revolution wurde die Säule feierlich der Stadt übergeben. Der damalige Bundeskanzler Gerhard Schröder, Sachsens damaliger Ministerpräsident Kurt Biedenkopf und der damalige Oberbürgermeister Wolfgang Tiefensee waren bei der wichtigen Feierlichkeit dabei. Eine Bronzetafel erinnert an den bedeutsamen Tag für Deutschland.

Adresse Nikolaikirchhof 4, 04109 Leipzig | ÖPNV Tram 1, 3, 4, 7, 10, 11, 15, 16, Haltestelle Augustusplatz | Öffnungszeiten dauerhaft zu besichtigen | Tipp Der Chipperfield Brunnen auf dem Nikolaikirchhof soll mit seinem überfließenden Wasser den Freiheitsdrang der Menschen symbolisieren.

67 Die Oscar Niemeyer Sphere

Die Kugel von 2020

Eine Kugel von fast zwölf Metern Durchmesser aus Beton und Glas, angebracht an einem Industriegebäude: Oscar Niemeyer, der berühmte brasilianische Architekt hat dieses Meisterwerk entworfen, noch kurz bevor er starb.

Im Jahr 1994 übernahm ein junger Oxford Absolvent Ludwig Koehne den »VEB Schwermaschinen S. M. Kirow« in Leipzig. Er entwickelte den Betrieb zum Weltmarktführer für Drehkräne und Schlackentransporter und benannte ihn in »Techne Kirow« um. Auf einer Dienstreise nach Brasilien ließ er sich von Oscar Niemeyers Architektur inspirieren und wand sich deshalb 2011 mit der Bitte an den Künstler, etwas als Ergänzung für die Kantine, für besondere Anlässe, zu entwerfen. Die Kugel am Gebäude zeugt von Niemeyers einzigartigem Stil, der für seine organischen Formen und futuristischen Designs bekannt ist. Er gilt als einer der einflussreichsten Architekten des 20. Jahrhunderts.

Für Besucher bietet die Niemeyer Sphere nicht nur eine beeindruckende Kulisse für Veranstaltungen, sondern auch die Möglichkeit, in die Welt von Oscar Niemeyer einzutauchen und seine einzigartige architektonische Vision zu erleben.

Der deutsche Architekt Harald Kern und Niemeyers Mitarbeiter Jair Valera führte Niemeyers Idee schließlich aus. Die Fensterbereiche allein bestehen aus 144 dreieckigen Einzelscheiben. Diese können gegen Sonnenhitze einzeln oder auch gesamt binnen weniger Sekunden abgedunkelt werden. Die Kugel besteht aus drei Stockwerken: In der untersten ruht die Haustechnik, dann kommt eine Bar und oben das Restaurant. Im Juli 2020 fand die Einweihung feierlich statt. 2023 erhielt die Techne Kirow GmbH für das Gebäude den Sächsischen Industriekulturpreis.

Das besondere Extra: Auf dem Areal befinden sich zwei Kunsträume. Der Galerieraum mit anschließenden Ateliers und die Halle 9. Sie sind am Wochenenende öffentlich zugänglich.

Adresse Niemeyerstraße 2–5, 04179 Leipzig, www.techne-sphere-leipzig.de/niemeyer-sphere, www.technesphere.de | ÖPNV Tram 8, 15, Haltestelle Saarländer Straße | Öffnungszeiten Besichtigungen Mo–Fr 12.30 Uhr nach Terminabsprache, Restaurantbesuch nur vorab per Reservierung über die Website buchbar, der Kunstraum ist Sa, So 12–18 Uhr geöffnet | Tipp Die Kirow Kantine ist öffentlich zugänglich.

68 Die Pariser Straße

Der Hochverratsprozess

Die heutige Virchowstraße in Gohlis hieß bis 1950 Pariser Straße. Das ist an sich keine spannende Information. Doch hier, über der Nummer 21 findet sich die Inschrift »Ist mir auch draußen Kampf beschieden / In meinem Hause find ich Frieden …«. 1870/1871 fand der Deutsch-Französische Krieg statt. Der Name der Straße und die Hausinschrift sollen höchstwahrscheinlich daran erinnern.

Zur damaligen Zeit lebten in Leipzig August Bebel und Wilhelm Liebknecht. August Bebel kam mit 20 Jahren nach Leipzig und startete seine politische Karriere, als er als Geselle wegen der schlechten Verköstigung in der Werkstatt, zu einem Protest aufrief und sich für Arbeiterrechte engagierte. 1866 gründete er mit Wilhelm Liebknecht die Sächsische Volkspartei, die drei Jahre später in der SDAP aufging.

Wilhelm Liebknecht war Schriftsteller und Führer der deutschen Sozialdemokratie. Er war Reichstagsabgeordneter und wurde gemeinsam mit August Bebel zu einem Helden, als beide nicht für weitere Kredite für den Krieg gegen Frankreich stimmten. Sie trauten sich, die deutsche Kriegspolitik zu hinterfragen und über ein friedliches Europa zu sprechen. Das kam zur damaligen Zeit nicht gut an. Sie wurden des Hochverrats bezichtigt und schließlich zu je zwei Jahren Haft verurteilt.

1878 wurden Bebel, Liebknecht und weitere Sozialdemokraten aus Leipzig ausgewiesen. Sie versuchten, in Borsdorf eine Bleibe zu finden, doch waren keine gern gesehenen Gäste. Liebknechts Frau blieb wegen der Kinder, die noch zur Schule gingen, und besuchte ihren Mann an den Wochenenden in dem zerfallenen Landhaus, das er mit Bebel in der Leipziger Straße 1 bezogen hatte.

Fünf Kinder quetschten sich mit ihren Eltern in vier Betten. Das Haus war kalt und feucht. Doch die Familie machte das Beste daraus und genoss den Wald, die Ruhe und die gemeinsame Familienzeit, die sie nun ohne Ablenkung gemeinsam genießen konnten.

Adresse Virchowstraße 21, 04157 Leipzig | ÖPNV Tram 12, Bus 90, Haltestelle Virchow-/Coppistraße | Öffnungszeiten von außen zu besichtigen | Tipp Das Geyserhaus und den Arthur-Brettschneider-Park besuchen.

69 Die Parkeisenbahn

Es zischt und dampft

Es pfeift und dampft und die Aufregung steigt. Da biegt die Miniaturbahn von 1925 schon um die Ecke und rattert durch den Auwald. Sie hält am kleinen Bahnhof, Fahrgäste steigen aus und ein. Ein Junge in Uniform kontrolliert die Fahrkarten.

Im Oktober 1950 begann der Ausbau für die Rundstrecke um den Auensee.1951 wurde die Miniatureisenbahn als Pioniereisenbahn gegründet und von Jugendlichen betrieben. In den folgenden Jahren entwickelte sie sich zu einem beliebten Freizeitangebot für Jung und Alt. Heute ist die Parkeisenbahn eine der ältesten und traditionsreichsten ihrer Art in Deutschland. Knapp zwei Kilometer lang ist die Strecke, immer am Auensee entlang. Durch die offenen Wagen entsteht ein Cabrio-Flair, der Fahrtwind weht einem um die Nase.

Wer mag, kann zwischendurch aussteigen. Am Spielplatz zum Beispiel. Oder wer einen Angelschein besitzt, kann einen gemütlichen Nachmittag am See verbringen und sein Fischfang-Glück versuchen. Die Parkeisenbahn verfügt über eine historische Dampf- und eine Akkulokomotive. Die liebevoll restaurierten Fahrzeuge versetzen die Besucher zurück in eine Zeit, in der die Eisenbahn das wichtigste Verkehrsmittel war. Bis 1990 war sie eine Pioniereisenbahn der DDR. Bis heute wird sie aber hauptsächlich von Kindern und Jugendlichen betrieben.

Die Parkeisenbahn Leipzig bietet das ganze Jahr über verschiedene Veranstaltungen und Sonderfahrten an. Von Dampflokfesten bis zu Halloweenfeiern und Saisonabschluss: es gibt immer wieder etwas besonders zu feiern und zu erleben.

Während die Räder unter den Holzbänken rattern, der Rest Zuckerwatte vom kleinen Verkaufsstand neben dem Bahnhof die Finger verklebt und man gegen die Sonne blinzelt, erlebt man gleichzeitig auch ein Stück Geschichte. Der Verein bewahrt den Charme vergangener Tage und schenkt gleichzeitig unterhaltsame Nachmittage für die ganze Familie.

Adresse Gustav-Esche-Straße 8, 04159 Leipzig, www.parkeisenbahn-auensee-leipzig.de | **ÖPNV** Bus 80, Haltestelle Leipzig Auensee | **Öffnungszeiten** Di – Fr 14 – 17.30 Uhr, Sa, So und täglich in den sächs. Schulferien 10 – 12.45 Uhr und 14 – 17.45 Uhr, Saison von Frühling bis Herbst, bitte auf der Website nachschauen | **Tipp** Im Haus Auensee finden regelmäßig Konzerte und Veranstaltungen statt.

70 Die Pittlerwerke

Urbane Ideen und Kulturerfahrung

Ein ganz besonderer Erinnerungsort der sächsischen Industriekultur, heute künstlerischer Schaffensplatz und immer noch ein Geheimtipp, sind die Pittlerwerke im Nordwesten der Stadt. Sie beherbergen Werkstätten, Ateliers, Büros und sind ein Ort, an dem sich Menschen gegenseitig inspirieren und der Besucher zu einem vielseitig kulturellen Programm einlädt. Gemeinsam mit den Ideen der Leipziger wachsen sie.

1889 wurde die Pittler Maschinenfabrik als Werkzeugfabrik von Julius Wilhelm von Pittler erbaut. Sie war spezialisiert auf die Herstellung von Werkzeugmaschinen. Diese Maschinen spielten eine Schlüsselrolle in der industriellen Produktion. Denn es war Pittlers Ziel, dass seine Erfindungen die Arbeit an Maschinen erleichterten. 200 Patente brachte ihm das ein und der spätere Verkauf die finanziellen Möglichkeiten, um die Pittlerwerke in Wahren errichten zu können. Sein Einfluss erstreckte sich nicht nur auf die lokale Industrie, sondern auch auf die nationale und internationale Bühne. Nach dem Zweiten Weltkrieg und den wirtschaftlichen Veränderungen in Deutschland wurden viele Unternehmen, einschließlich der Pittlerwerke, von den Umwälzungen betroffen. Enteignungen und Neueingliederung in die DDR-Wirtschaft bis zum Wende-Umbruch und dem anschließenden Verfall lassen die Fabrik auf eine spannende Geschichte blicken.

In den vergangenen Jahren regte sich neues Leben in den Pittlerwerken. Aufgrund der Sanierung konnte ein Teil der Räumlichkeiten wieder genutzt werden, auch wenn noch ein Großteil der Hallen und Räume weiterhin Platz für kreative Menschen bietet. In jüngster Vergangenheit fanden große Kunstausstellungen statt und viele neue Nutzungskonzepte wurden angeregt. Kulturelle Veranstaltungen finden regelmäßig statt und bringen neues Leben in das alte Werk.

Beim Dinner im Restaurant W*U*EST kann man jeden Freitag ein exquisites 5-Gänge-Menü erleben. Kreative Gerichte und das besondere Ambiente lassen das Wochenende auf beste Weise starten.

Adresse Polyphonstraße 8, 04159 Leipzig, www.pittlerwerke.org | ÖPNV Tram 11, Haltestelle Pittlerstraße, Haltestelle S-Bahnhof Wahren | Öffnungszeiten Das Wuest ist für Dinner und Veranstaltungen geöffnet, Anmeldung unter wuest@pittlerwerke.org, weitere Veranstaltungen und Vernissagen findet man auf der Website. | Tipp Das Weinfest in den Pittlerwerken erleben.

71 Das Porsche Werk

Erlebnis für Autoenthusiasten

Das Porsche Werk Leipzig ist für Autoliebhaber ein echtes Highlight. Bei Werksführungen kann man hinter die Kulissen schauen und erleben, wie die legendären Sportwagen hergestellt werden. Die Werksführungen ermöglichen Einblicke in die präzise Montage, die jedem Porsche seine einzigartige Qualität verleiht. Am 20. August 2002 wurde das Porsche Werk in Leipzig offiziell eingeweiht. Es umfasst eine Gesamtgrundfläche von 400.000 Quadratmetern. Vor allem die Porsche-Modellreihen Macan und Panamera werden hier gefertigt. Täglich werden rund 500 Fahrzeuge gebaut.

Für Besucher sind neben der Werksbesichtigung auch Fahrerlebnisse möglich: Das Herzstück des Erlebnisangebots ist das Porsche Experience Center. Hier hat man die Möglichkeit, selbst am Steuer Platz zu nehmen. Ob auf der Teststrecke, beim Offroad-Abenteuer oder auf dem Handlingparcours – man spürt die Dynamik und die Power der Sportwagen und kann seine eigenen Fahrkünste testen. Insgesamt gibt es 15 Geländemodule. Eine Wasserdurchfahrt, eine Extremrampe mit 80 Prozent Steigung, auch Schotterstrecken, Grabenquerung, Walddurchfahrt, Erdstrecke, Schlammweg und noch viel mehr.

Das Carrera Café lädt danach zu einer entspannten Auszeit ein. Dieses kann man auch ohne Anmeldung zu den Öffnungszeiten besuchen. Motorsport und Kaffeegenuss verbinden sich hier, begleitet von Kuchen und anderen Köstlichkeiten.

Die Geschichte von Porsche wird in der historischen Fahrzeugausstellung lebendig. Seltene Modelle und legendäre Rennwagen, die die Motorsportgeschichte geprägt haben, sind hier ausgestellt. Diese Ausstellung ist kostenfrei und ohne Anmeldung zugänglich, und bietet einen faszinierenden Einblick in die Entwicklung der Marke Porsche.

Das Porsche Experience Center bietet von exklusiven Fahrveranstaltungen bis zu kulinarischen Abenden einige Events – es lohnt sich, Ausschau nach dem Veranstaltungskalender zu halten.

Adresse Porschestraße 1, 04158 Leipzig, www.porsche-leipzig.com | Öffnungszeiten saisonal variierendfür Führungen und Fahrerlebnisse bitte auf der Website nachschauen | Tipp Ein Ausflug mit der E-Kutsche.

72 Der Privatimker

Honig direkt aus dem Auwald

Wir brauchen dringend mehr Bienen. Sie sorgen für die Fortpflanzung zahlreicher Blüten- und Nutzpflanzen und kümmern sich somit um unsere Ernährung. Der Honig, den sie produzieren, ist kostbar. André Soudah weiß, wovon er spricht. Eigentlich ist er promovierter Volks- und Betriebswirt, doch vor einigen Jahren packte ihn das Interesse an der Imkerei. Er erlernte das Handwerk und machte sich selbstständig.

André ist es wichtig, das Wissen rund um Bienen zu vermitteln und auch aufzuzeigen, dass Bienen ungefährlich sind. Seine Bienenkästen stehen in der ganzen Stadt verteilt, oftmals übernehmen Arbeitgeber und Schulen die Patenschaften dafür. Im Auwald hat er einen Bienenlehrstand, zu dem Kindergärten und Schulklassen regelmäßig kommen. Auch eine Neuseenland Bienentour gibt es, an der Besucher teilnehmen können.

Es ist für ihn wichtig, wesensgemäß nach Demeter-Art zu imkern, wie er es nennt. Bei dieser Methode stehen die Bienen im Mittelpunkt, nicht die Maximierung des Ertrags. Das bedeutet, dass André nie die maximale Menge von Honig entnimmt, damit er den Organismus nicht schwächt. Ein Bienenvolk hat zum Höhepunkt seines Bestehens bis zu 90.000 Bienen. Da summt und brummt es emsig im Bienenstock und André erklärt, was es mit den Ammen auf sich hat, die sich um die neugeborenen Bienenbabys kümmern, welche Bienen den Eingang vor dem Angriff von Hornissen bewachen und wieso es ein hartes Leben ist, eine männliche Biene zu sein.

André bietet Schnupper- und Intensivkurse sowie Firmenveranstaltungen an und hält auch Vorträge. Wer die Augen aufhält, findet seine Bienenstände vielleicht auch am Kulkwitzer See oder in den Kleingärten in Anger-Crottendorf. Wer die Bienen unterstützen möchte, kann sich um einen Balkon und einen Garten bemühen, die ganzjährig Pflanzen beherbergen, welche den Bienen Nektar liefern oder eine Bienenpatenschaft übernehmen.

Adresse www.bienenandre.de | **Öffnungszeiten** Termine und Kontakt findet man auf der Website. | **Tipp** In der Nähe trainieren die Olympioniken für den nächsten Ruder-Wettkampf.

73 Die Pyramide

Die Gruft in Schönefeld

Die Baronesse Clara Hedwig von Eberstein ließ durch einen Leipziger Architekten für ihre Familie neben der Schönefelder Kirche eine Begräbnisstätte in der hierzulande doch eher ungewöhnlichen Form einer Pyramide bauen. Man ist also nicht versehentlich in Ägypten gelandet, sondern bei den letzten Ruhestätten der Familien Schneider und der von Eberstein.

Hedwig von Eberstein war die Tochter eines königlich großbritannischen Kapitäns und der Erbin des Ritterguts Schönefeld. Sie wurde mit einer Rückgratverkrümmung geboren, man versuchte, dies mit einem Streckbrett zu richten, doch vergebens. Das tat ihrer Reiselust jedoch keinen Abbruch. Ihre Mitbringsel verschenkte sie direkt an die Leipziger Museen.

Das Rittergut wird heute auch als Gesamtheit mit dem Herrenhaus als Schloss Schönefeld bezeichnet. Hier ist inzwischen eine Schule untergebracht, und es wird als Ort für Begegnung und Kultur verstanden, an dem viele Veranstaltungen stattfinden. Übrigens: Der heutige Mariannenpark blieb deshalb unbebaut, weil Hedwig dies damals so bestimmte.

Die Pyramide ist zum Tag des offenen Denkmals geöffnet. Innen ist es leer, es gibt keine geheimen Gänge oder verborgenen Schätze. Tatsächlich ist die Pyramide aber inspiriert von Reisen nach Ägypten entstanden, die Clara Hedwig in den 1850er und 1860er Jahren unternommen hatte. 1883 ließ sie die Grabstätte fertigen. Schwarze Steinblöcke wurden geformt, zwei bronzene Löwen flanierten das Grabgebäude. 35 Quadratmeter misst die Gruft, und ist acht Meter hoch. 1900 wurde die Familie darin begraben und der Eingang zugemauert.

Zu DDR-Zeiten verwahrloste das Gelände zusehends und Jugendliche begannen, die Gruft zu erklimmen. Erst 2008 wurde das Gelände der Kirchengemeinde zugeteilt. Diese startete 2011 mit der aufwändigen Sanierung der Leipziger Pyramide.

Adresse Zeumerstraße 1, 04347 Leipzig, www.verein.schloss-schoenefeld.de/ | ÖPNV Tram 1, Haltestelle Rathaus Schönefeld | Öffnungszeiten Besichtigungen nur nach Voranmeldung oder bei Veranstaltungen, siehe Website | Tipp Durch den Abtnaundorfer Park ist schon Robert Schumann spaziert.

74 Die Raucherlounge

Vom Vergnügen zu lesen und zu rauchen

In dem Gebäude in der Hans-Poeche-Straße befand sich früher eine wichtige Druckerei der Stadt. Große bekannte Modezeitschriften wie die PRAMO oder die SIBYLLE wurden hier gedruckt, aber auch Dekorfolie hergestellt. Das Verfahren wurde in Leipzig entwickelt und dann weiter verarbeitet zu Möbelfolie.

1966 wurde der VEB Interdruck Graphischer Großbetrieb Leipzig gegründet, vier Jahre später kam der VEB Leipziger Großbuchbinderei dazu. Bald wurden hier Tiefdruck, Hochdruck, Offsetdruck und noch mehr durchgeführt. In den 1980er Jahren produzierten die volkseigenen Betriebe in dieser Halle ein Drittel der graphischen Produktion der Stadt.

Doch die Geschichte geht noch ein Stück weiter zurück, bis zu einem Schweizer Buchhändler namens Johann Jakob Weber, der aus Basel kam und 1834 seinen eigenen Verlag, das Verlagshaus J. J. Weber Leipzig, gründete. Weber zählt zu den verdienstvollsten Buchhändlern und Verlegern aller Zeiten. Über 37 Jahre lang gab er die erste deutsche Illustrierte heraus. 1858 erwarb er die so genannte Engelsburg. Es ist ein Turmhaus, das nun als Wohn- und Geschäftshaus genutzt wird. 1843 brachte er hier seine erste Zeitschrift heraus. Neben der Engelsburg errichtete Weber Ende des 19. Jahrhunderts ein Geschäftshaus, einen gelben Klinkerbau. Über den Seitenportalen prangen die Porträts von Dürer und Gutenberg.

Inzwischen nennen sich die ehemaligen Graphischen Werkstätten »Grafischer Hof« und bieten einen hohen Wohnkomfort. Aber sie sind auch zu einem Geheimtipp für Kunst-Szene-Treffs mutiert. Auf 5.000 Quadratmetern verteilen sich Ateliers und Werkstätten für Möbel, Keramik, und auch ein Tanzstudio gibt es. Geschätzter Treffpunkt ist die Raucherlounge: Im Gewölbekeller finden Raucher einen Ort, um Gleichgesinnte zu treffen.

1934, zum 100. Jahrestag der Gründung des damaligen Verlagshauses, wurde ein Platz an der Prager Straße nach J. J. Weber benannt.

Adresse Hans-Poeche-Straße 2, 04103 Leipzig, www.originalgrafikinleipzig.de | ÖPNV Tram 1, 3, 8, Bus 72, 73, Haltestelle Friedrich-List-Platz | Öffnungszeiten der Läden beachten | Tipp Im La Cosita kann man echte kubanische Zigarren rauchen.

75 Das RB-Stadion

Das Wohnzimmer der Roten Bullen

Seit den 1950er Jahren steht das Stadion in Leipzig. Manch einer mag sich an Sportfeste der Schule erinnern, bei denen man Weitsprung und Staffellauf absolvieren musste. Aber auch unzählige wichtige Sportevents haben hier schon stattgefunden. Es war das größte Stadion in Sachsen und das zweitgrößte in Ostdeutschland. Nur das Olympiastadion ist bis heute noch größer.

Das Stadion entstand aus Kriegstrümmern und wurde am 4. August 1956 mit einem großen Turnfestival eröffnet. Chemie Leipzig wurde hier DDR-Oberligameister und Lok Leipzig schrieb an diesem Ort Europapokalgeschichte. Die Red Bull Arena wurde in das alte Stadion hineingebaut, das Hauptgebäude blieb sogar erhalten. Bis heute ist auch der alte Stadionwall sichtbar. Seit 2010 wird das neue Stadion mit über 41.000 Plätzen für RB-Heimspiele genutzt.

Im Zentrum der Rasen: In der Spieltagswoche wird er täglich gemäht. Sechs Rasenkeeper sind dafür angestellt. Inzwischen wurde ein Hybrid Rasen verlegt, ein Mix aus Kunst- und Echtrasen. Dieser ist nicht mehr so pflegeaufwendig und widerstandsfähiger. Mit künstlichem Licht wird nachgeholfen, damit er grün bleibt. Im Sommer sorgen Ventilatoren für den Luftaustausch. Über 40 Kilometer Heizrohre wurden darunter verlegt. Der perfekte Rasen ist 2 bis 2,5 Zentimeter hoch. Wer genau hinschaut, sieht, dass die Spielfläche einen kleinen Buckel macht – damit der Regenguss natürlich versickert.

Bei Stadion- und Spieltagsführungen bekommt man einen Blick hinter die Kulissen. Wie sieht die Mixed Zone aus und wie die Duschen und Umkleidekabinen? Wie bekommen die Spieler nasse Schuhe wieder trocken und wo befindet sich der höchste öffentliche Punkt im Stadion? Wie fühlt man sich als VIP? Die 60-minütigen Führungen sind interessant und kurzweilig. Wer möchte, kann auch an einer Rundumblick-Tour teilnehmen und mit VR-Brillen hautnah die Spieler erleben und in ein Heimspiel eintauchen.

Adresse Am Sportforum 3, 04105 Leipzig | ÖPNV Tram 1, 2, 3, 7, 14, 15, Haltestelle Sportforum-Süd | Öffnungszeiten Führungen auf der Website buchbar | Tipp Am Palmengartenwehr spazieren gehen.

76 Der Record Store sleeve ++

Vinylliebe

Inmitten der digitalen Ära, in der jede Art von Musik oft nur einen Klick entfernt ist, gibt es einen Leipziger Ort für Musikliebhaber, der ihr Herz höherschlagen lässt: der Vinyl Store. Dieser Ort ist ein Paradies für diejenigen, die ihre Liebe zu Platten ausleben möchten.

Schon beim Betreten eines Vinyl Stores wird man empfangen durch die einzigartige Atmosphäre, geprägt von einem Hauch von Nostalgie und dem unverwechselbaren Gefühl, das nur Schallplatten ausstrahlen können. Die Regale sind gefüllt mit bunten LPs, jede Hülle ein kleines Kunstwerk. Der warme Klang von Vinyl schwebt in der Luft, während man sich auf die Suche nach einer neuen Lieblingsmusik macht.

Im Mai 2020 bekam die Plattenladen-Landschaft in Leipzig Zuwachs. Sleeve++ eröffnete ihren Laden in der Nähe der Eisenbahnstraße. Die fünf Betreiber haben sich zusammengetan, und den Verkaufsraum in Eigenregie innerhalb von zwei Jahren komplett saniert und umgebaut. Klares, modernes und helles Design trifft auf Platten und Secondhand-Kleidung.

Das Einkaufserlebnis vor Ort, die Beratung und Inspiration kann kein Onlineshop ersetzen. Analoge Musik erlebt einen neuen Hype. Bei sleeve++ kommen vor allem Fans von elektronischer Musik auf ihre Kosten: Techno, House, Wave, Electro, EBM, Funk und einiges mehr sind die Genres, die der Laden vor allem und handverlesen anbietet. Jede Platte wird von den Inhabern vorab gehört und anschließend für Interessierte mit einer kurzen Rezension versehen. Auch Veranstaltungen wie Workshops, Flohmärkte, Releases und mehr sind geplant.

Die Leidenschaft zur Musik, eingefangen in Rillen und Hüllen, ist eine Hommage an die Kunst, an die Nostalgie vergangener Tage und ein unvergleichlich magisches Erlebnis. Musik wird bei sleeve++ lebendig, erlebbar, und geht weit über den bloßen Besitz, erworben bei einem gewöhnlichen Shoppingtrip hinaus.

Adresse Mariannenstraße 74, 04315 Leipzig, www.sleeveplusplus.de | ÖPNV Tram 1, 3, 8, Bus 70, Haltestelle H.-Liebmann-/Eisenbahnstraße | Öffnungszeiten Mi–Sa 13–20 Uhr | Tipp Wer mehr auf Jazz, Soul und Hip Hop steht, kann das VARY Record Store & Café besuchen.

77 Das Riquet

Schokoladenliebhaber aufgepasst

Das wunderschöne Café hat eine traditionsreiche Geschichte, nach der man, wenn man sie gehört hat, diesem Café unbedingt einen Besuch abstatten möchte. Hier sitzt man unglaublich gemütlich bei einem Heißgetränk und genießt die einzigartige Atmosphäre.

Die Riquet & Co. AG war ein Unternehmen für die Herstellung von Kakao, Schokolade und Pralinen. Bevor die Familie Riquet nach Deutschland kam, lebte sie in Frankreich. Doch 1685 untersagte ein Edikt dort den Hugenotten die freie Religionsübung. Familie Riquet floh nach Leipzig und hatte schnell Fans und Liebhaber ihrer Schokolade, unter anderem Johann Wolfgang von Goethe, der die Marke mit dem Elefanten als Symbol zu seiner Lieblingsschokolade erklärte. Die Firma wuchs immer weiter, importierte später auch Tee und chinesische Waren und wurde schließlich in der Nazi-Zeit enteignet. In der DDR wurden in der ehemaligen Riquet-Fabrik, die nun zum Verband sächsischer Konsumgenossenschaften gehörte, unter anderem die bekannten Pfefferminz-Bonbons mit Schokoladenfüllung gefertigt.

Das Riquet-Haus wurde 1908 vom Unternehmen gebaut und in den 1990er Jahren originalgetreu restauriert. Heute wird die Marke noch in Stuttgart für das Handelsunterunternehmen Hofer gefertigt.

Im Café Riquet gibt es heute leckeren Kaffee, Kakao und Tee. Dazu Frühstück, frische Kuchen und Torten von örtlichen Konditoreien. Auch für den kleinen Mittagshunger ist gesorgt: Es gibt leckere sächsische Desserts. Ein bisschen erinnert das Riquet an ein Wiener Kaffeehaus, mit seiner großen Fensterfront und dem Gastraum im Obergeschoss. Auch einen alten Weinkeller gibt es, der für exklusive Events zur Miete zur Verfügung steht. Chinesische Kultur trifft auf französische Geschichte und etwas österreichisches Flair. Was für ein ganz besonderer Ort, um nach einer anstrengenden Shopping- oder Sightseeingtour zu entspannen!

Adresse Schuhmachergäßchen 1, 04109 Leipzig, www.riquethaus.de | ÖPNV Tram 4, 7, 8, 10, 11, 12, 14, 15, 16, Haltestelle Augustusplatz | Öffnungszeiten täglich 9–19 Uhr | Tipp In unmittelbarer Umgebung befindet sich die Oper Leipzig.

78 Die Russische Kirche

Gold, Prunk und Christus

Die Russische Kirche gegenüber der Deutschen Nationalbibliothek kennen die meisten, aber auch nur von außen. Sie ist ein Attraktionsobjekt und der Schmuckplatz vor der Kirche weist ebenfalls darauf hin, dass die Kirche eine Art Denkmal ist. Doch für was eigentlich? Ungefähr 1745 gab es in Leipzig eine kleine Glaubensgemeinschaft aus orthodoxen Christen aus Russland und Griechenland, die sich mit einem orthodoxen Priester in einer Hauskirche trafen. Das zeigt, wie weltoffen Leipzig damals schon war, denn das war zu dieser Zeit sehr selten. Doch da Leipzig als Messestadt ein besonderer Anziehungspunkt war, besuchten viele tausend Russen und andere orthodoxe Christen die Stadt. Man wünschte sich eine orthodoxe Kirche aus russischen Mitteln zu errichten und dass russische Priester nach Leipzig geschickt werden sollten.

Die Kirche ist ein Zentrum für orthodoxe Gläubige und wurde nach dem Heiligen Alexej, dem Schutzpatron von Moskau benannt. Gebaut wurde sie zum 100. Jahrestag der Leipziger Völkerschlacht als Gedenken für 22.000 russische Söhne und Väter, die Napoleons Feldzug zum Opfer fielen. 1913 fand die feierliche Eröffnung statt. Der Architekt bezog sich mit seinem Bau auf die Himmelfahrtskirche von Kolomenskoje, die auf der UNESCO-Weltkulturerbeliste steht.

Von Innen sieht die Kirche, die auch ein kulturhistorisches Denkmal ist, nicht weniger festlich aus. Ein 800 Kilogramm schwerer Kronleuchter hängt von der riesigen Decke. Der Altarraum ist golden verziert, man kann sich kaum sattsehen an so viel Prunk und Schönheit russischer Kultur. Die Ikonenwand mit 78 Ikonen ist allein schon 18 Meter hoch. Über allem thront Christus als ewiger Erzbischof im Altarraum.

Die Gläubigen, die sich hier zum Gottesdienst versammeln, kommen aus verschiedenen Nationalitäten und feiern hier Liturgien, Taufen, Beerdigungen und andere Sakramente.

Adresse Philipp-Rosenthal-Straße 51A, 04103 Leipzig, www.russische-kirche-l.de | ÖPNV Tram 2, 4, 12, 15, Haltestelle Technisches Rathaus; Tram 2, 16, Haltestelle Deutsche Nationalbibliothek | Öffnungszeiten Die Kirche ist täglich geöffnet und kann ab 10 Uhr besichtigt werden. | Tipp Einen Ausflug zum Rittergut Kössern machen.

79_Die Schaubühne Lindenfels

Kultur und Cocktails

Seit 1876 befindet sich die Schaubühne Lindenfels auf der Karl-Heine-Straße. Heute wie damals ist sie ein Ort für vergnügliche Stunden bei einem Glas Wein mit guten Freunden. Früher nannte sich das Gebäude »Gesellschaftshalle zu Lindenau«. Im frühen 20. Jahrhundert wurden hier auch schon Konzerte aufgeführt. Seit 1994 finden regelmäßig Theatervorstellungen, Lesungen und auch Kinovorführungen statt. Schauspieler aus dem Theaterhaus Jena entdeckten das zu dieser Zeit brachliegende Gebäude und belebten es als Theater- und Veranstaltungshalle wieder. Sie starteten das Projekt, die Schaubühne wieder so instand zu setzen, dass es wieder als Bühne fungieren kann.

Betritt man die Schaubühne heute, beeindrucken die historischen Räume in ihrer vollen alten Pracht. Im herrlichen Ballsaal finden vor allem Theateraufführungen und Konzerte statt. Der Grüne Salon wird als Programmkino genutzt und die Schauwald Bar hat ihren festen Platz im Restaurant und mixt beste Leipziger Cocktails.

Die Schaubühne erlebte in ihrer Geschichte immer wieder wechselnde Besitzer und Schwerpunkte. Ihren Anfang hatte sie mit dem Leipziger Maurer Carl Schmidt, der eine Gastwirtschaft erwarb und 1876 das Nachbargrundstück kaufte. Dort baute er innerhalb von drei Monaten eine Gesellschaftshalle für Tanz an sein Restaurant an. Obwohl sie von außen eher schmucklos aussah, befand sich im Inneren ein prunkvoller Ballsaal mit verzierten Säulen und in ihrem Keller sogar eine Kegelbahn. Im Laufe der Jahre wurde immer wieder angebaut und erweitert, viele Menschen setzten sich dafür ein, dass die Schaubühne auch heute noch prächtig strahlen kann, uns Sommermonate auf der Terrasse versüßt und an kalten Tagen gemütlich-warme Stunden bei Kultur und Drinks beschert. Sie ist eine Kulturinstitution und nicht mehr wegzudenken aus der Stadt und dem inzwischen sehr hippen Stadtviertel Leipzigs.

Adresse Karl-Heine-Straße 50, 04229 Leipzig, www.schaubuehne.com | **ÖPNV** Tram 14, Haltestelle Karl-Heine/Merseburger Straße | **Öffnungszeiten** je nach Spielplan, die Schauwald Bar öffnet Mo–Fr ab 17 Uhr, Sa, So ab 14 Uhr | **Tipp** Schon mal den Leipziger PFFF und KRSCH-Likör probiert?

80 Das Schaufelrad

Ein 17-Meter-Überbleibsel

Im Ortsteil Gerbisdorf, nach einer langen Dorfstraße, die von Obstbäumen gesäumt wird, steht mitten im Nirgendwo ein riesengroßes, 180 Tonnen schweres und 17 Meter hohes Schaufelrad als Denkmal und Erinnerung an die Zeit des Tagebaus. 1991 erst wurde der Tagebau in Breitenfeld stillgelegt. Ihm fielen ganze Dörfer im Leipziger Süden zum Opfer. Riesige Bagger gruben sich durch die Landschaften, das übrig geblieben Schaufelrad gehörte zu dem leistungsstärksten Schaufelschwenkbagger seiner Art. Tatsächlich war er sogar der größte Bagger seiner Bauart weltweit.

Ursprünglich war geplant gewesen, den Betrieb des Tagebaus bis 2005 fortzusetzen. Dann hätte der Abbau bis Richtung Wiederitzsch und Lützschena gereicht, man hätte die Autobahn verlegen müssen und noch mehr Dörfer dem Erdboden gleichgemacht. Das stand allerdings im Hinblick auf die Klimakrise und die Energiewende in keiner Weise im Verhältnis.

Nach der Stilllegung entschied man sich, einen Teil des Baggers, das 190 Tonnen schwere Schaufelrad aufzuheben, da man vor Ort einen Industriepark errichten wollte. 1999 wurden das Rad und kleinere Elemente der Tagebautechnik aufgestellt, diese kann man anschauen, anfassen und vor allem: bestaunen. Sie sind beeindruckende Mahnmale und Andenken.

Die Landschaft um das technische Denkmal herum ist trist und zeigt eindrücklich, was der Tagebau für Opfer gekostet hat. Die angebrachten Schautafeln erklären anschaulich alles, was man rund um die Gedenkstätte wissen muss.

Das Schaufelrad ist ein Ausflugsziel nördlich von Radefeld und nicht nur für Erwachsene spannend. Man kann es mit dem Auto erreichen, noch besser aber mit dem Fahrrad über die sogenannte Kohle-Dampf-Licht-Seen-Radroute. Diese ist abwechslungsreich und für Familien geeignet. Alle Standorte finden Interessierte online. Die Erlebnisroute bewegt sich auf 160 Kilometern.

Adresse Werbeliner Weg, 04435 Schkeuditz/OT Gerbisdorf, www.kohle-dampf-licht-seen.de | **ÖPNV** Bus 208, 217, Haltestelle Gerbisdorf (Schkeuditz) | **Öffnungszeiten** dauerhaft geöffnet | **Tipp** In der Nähe liegen der Werbeliner und der Grabschützer See, zwei noch eher unbekannte Seen.

81 Das Schillerhaus

Das Airbnb des 18. Jahrhunderts

In der Menckestraße in Gohlis, etwas unscheinbar und versteckt, befindet sich ein echtes Kleinod der Leipziger Museumsgeschichte. Inmitten eines frei zugänglichen Gartens, in dem man sich erholen, entspannen, ein paar Trauben naschen und in Ruhe dieses Buch lesen kann, befindet sich das älteste Bauernhaus auf dem Leipziger Stadtgebiet. Es ist gleichsam auch die älteste Literaturgedenkstätte Deutschlands. Das mit einem Augenzwinkern als »Airbnb des 18. Jahrhunderts« bezeichnete Schillerhaus war früher ein Dreiseitenhof. Die Besitzer haben zur damaligen Zeit zwei Gästezimmer für wohlhabende Leipziger vermietet, die der stickigen Stadtluft einmal entkommen wollten.

Den Sommer 1785 verbrachte der damals 25-jährige Friedrich von Schiller hier. Der Jurist und Schriftsteller Christian Gottfried Körner hatte ihn damals nach Leipzig eingeladen und bezahlte ihm alles, damit das junge Genie sich ganz aufs Schreiben konzentrieren konnte. Schiller begann hier das Gedicht »Ode an die Freude« zu schreiben und beendete es später in Dresden. Der Anlass war seine Lebensfreude, die er in Leipzig mit den vielen Freunden, die er hier fand, spürte.

Die neu gestaltete Dauerausstellung des Museums trägt den Titel »Götterfunken«. Hörbeispiele kann man sich hier anhören, aber auch der Geschichte des Gedichts weiterspüren. Medienstationen schenken den Besuchern ein interaktives Erlebnis, während sie mit den knarzenden Holzbohlen durch das alte Bauernhaus laufen und auch in Schillers kleiner Schlafstube aus dem Fenster in den Garten schauen. Diesen hat später der Schillerverein angelegt. Er ist im Sommer Veranstaltungsort. Konzerte und Lesungen, aber auch Kräuter- oder beispielsweise Limonadenworkshops werden angeboten. Das Kastellanhaus, das Wirtschaftsgebäude, auch Wohn- und Stallhaus wurden erhalten. Nur die Scheune fiel der Zeit zum Opfer, sie wurde abgerissen.

Adresse Menckestraße 42, 04155 Leipzig, www.stadtgeschichtliches-museum-leipzig.de/besuch/unsere-haeuser/schillerhaus | **ÖPNV** Tram 4, 51, Haltestelle Menckestraße | **Öffnungszeiten** März Di–So, Feiertage 10–16 Uhr, April–Okt. Di–So, Feiertage 10–17 Uhr, Nov.–Feb. geschlossen | **Tipp** Das Sterne-Restaurant Frieda liegt direkt um die Ecke.

82 Die Schleusenruine Wüsteneutzsch

Deutschlands größte Schleusentreppe

Eine riesige, ungenutzte Schleuse steht mitten im sächsischen Nirgendwo zwischen dem Dorf Wüsteneutzsch und Leuna direkt an einem Wald und Feldern, auf denen Rehe ungestört herumtollen. Der nächste Fluss, die Saale, ist zwei Kilometer weit entfernt. Der Lost Place erzählt die Geschichte von der Idee, Binnenschiffe von Leipzig aus bis zur Nordsee fahren lassen zu können. Und ist doch gleichzeitig Deutschlands einzige unvollendete Schleusentreppe.

Dabei fing es so gut an: Nur in Wüsteneutzsch fanden Ingenieure aufgrund der Topographie die Möglichkeit, um den Höhenunterschied von rund 22 Metern zwischen dem Elster-Saale-Kanal und der Saale mittels zweier Schachtschleusen zu überwinden. Auch ein Wasserweg nach Leipzig sollte gebaut werden. Es entstand ein moderner Binnenhafen, der Lindenauer Hafen in Leipzig. Denn die Stadt will bis zu den Weltmeeren kommen können. Auch die Saale soll dafür ausgebaut werden. Großschleusen für große Frachter werden errichtet und schließlich dieses riesige Bauwerk, dass es in Deutschland so noch nicht gegeben hat. Eine Schleusentreppe, sie sich über mehr als einen Kilometer ausdehnt, und über acht Millionen Reichsmark kosten soll.

Im Jahr 1937 starteten die Bauarbeiten an der Schleuse, nachdem die Arbeiten am Kanal bereits vier Jahre liefen, doch schon im Jahr 1943 wurden die Arbeiten kriegsbedingt eingestellt. Heute ist es eine offizielles Baudenkmal, eine malerische Ruine und ein Ort, an dem entspannt spazieren gehen kann. Eine Art Ausflugsziel. Im Jahr 2023 jährte sich zum 90. Mal der Baubeginn am Saale-Elster-Kanal.

Ein Förderverein setzt sich für die Idee ein, den Kanal zu vollendene, und von Leipzig bis nach Hamburg fahren zu können. Gelegentlich finden Veranstaltungen und Führungen rund um die Schleusenruine statt. Diese bieten die Möglichkeit, tiefer in die Geschichte einzutauchen.

Adresse Schleusenruine Wüsteneutzsch bei Leuna, www.saaleelsterkanal.de | ÖPNV RE 15, RB 20, 25, Haltestelle Bad Dürrenberg | Öffnungszeiten dauerhaft geöffnet | Tipp In Schladebach befindet sich das tiefste Bohrloch der Welt.

83 Schrebers Kleingartenidyll

Spießig schönes Museum

In Leipzig werden stolze 30 Prozent der Grünflächen durch Schrebergärten gebildet. Die kleinen Parzellen sind angesagter denn je, Spießigkeit ist absoluter Trend und lebt. Der Begriff »Schrebergarten« stammt von dem Leipziger Arzt Dr. Daniel Gottlob Moritz Schreber, der bis 1862 gelebt hat und sich zeitlebens besonders mit den gesundheitlichen und sozialen Folgen der Verstädterung befasste.

1864 wollte ein Lehrer seinen Schülern die Liebe zur Natur näherbringen und teilte eine große Spielwiese in einzelne Parzellen auf. Kurze Zeit später kümmerten sich die Eltern um die angelegten Beete. 1864 wurde der Schrebergartenverein dann offiziell gegründet. Übrigens der erste Verein dieser Art, den es weltweit gab. Es gab zwar vorher schon Kleingärten, aber erst durch den Begriff »Schrebergarten« wurden die idyllischen, grünen Rückzugsorte deutschlandweit und darüber hinaus bekannt.

Ursprünglich befand sich der Verein auf einem Gelände nahe der heutigen Lutherkirche am Johannapark. Doch mit dem Ausbau der Leipziger Westvorstadt und dem Bau der Kirche, musste der nach Dr. Schreber benannte Verein ein neues Areal finden. Daher befindet sich der Schrebergartenverein mit seinen 156 Parzellen auf rund 30.000 Quadratmetern nun seit 1876 auf dem heutigen Schreberplatz in der Nähe des Stadions. In dem 1896 erbauten Vereinshaus befindet sich ein Lokal mit historischem Spielplatz und das informative »Deutsche Kleingärtnermuseum«.

Neben der Ausstellung können Besucher in der denkmalgeschützten Gartenanlage auch drei Schaugärten besichtigen. So rufen beispielsweise die historischen Gartenlauben im Laubengarten sowie die Einrichtung des Museumsgartens sowie des DDR-Gartens nostalgische Erinnerungen wach. Entlang des Hauptweges finden sich zahlreiche Informationen zur Geschichte der Gartenanlage und früheren Pächtern, darunter der Musikschriftsteller Dr. phil. Max Steinitzer.

Adresse Aachener Straße 7, 04109 Leipzig, www.kleingarten-museum.de | ÖPNV Tram 1, 2, 3, 4, 7, Bus 131, Haltestelle Waldplatz | Öffnungszeiten Di–Do 10–16 Uhr, Juni–Aug. zusätzlich Sa, So 10–17 Uhr | Tipp Vor Ort empfiehlt sich die Einkehr in den urigen Biergarten von »Schrebers Restaurant«.

84__She Bam!

Die Galerie der Laetitia Gorsy

Laetitia Gorsy kam von der Kunsthochschule Straßburg nach Leipzig und hat ein bedeutsames Anliegen: Sie möchte die männlich dominierte Kunstszene verändern. In ihrer Galerie She Bam! gibt sie daher ausschließlich Frauen eine Plattform. Seit sechs Jahren betreibt sie diese und möchte ihre Erfahrungen an junge Künstlerinnen weitergeben und ihr Netzwerk zur Verfügung stellen, damit diese sich weiter entwickeln können. Die Galerie entwickelt sich seit 2020 ständig weiter und bleibt zugleich ihrem innovativen und feministischen Konzept treu, welches lediglich Künstlerinnen ausstellt. Sie schafft eine Ausgewogenheit zwischen der systematischen Unterrepräsentanz von Frauen in der Kunstwelt und bietet besonders jungen Künstlerinnen die Möglichkeit Gehör zu finden und in das bestehende Galeriesystem aufgenommen zu werden.

Dabei war der Galerieraum früher nur 18 Quadratmeter groß gewesen und lag versteckt in einem Gang. Es gab keine Fenster, nur einen Tisch und drei Wände für die Kunst. Doch in den vergangenen Jahren wuchs die Galerie auf 180 Quadratmeter. Über 40 Ausstellungen haben nun schon stattgefunden. Denn die Nachfrage ist groß. She Bam! lockt Publikum an, viele Menschen kaufen hier zum ersten Mal Kunst, darunter viele Männer.

Laetitia hält außerdem Vorträge in Schulen und Universitäten, ist immer auf der Suche nach neuen Talenten. Denn die Leipziger Schule ist weltweit beliebt. Internationale Sammler:innen kaufen mitunter ungesehen alles, Hauptsache, es ist von einem Leipziger Künstler.

In ihrer Galerie stellt Laetitia abgesehen von klassischer Malerei auch vielfältige und unkonventionelle Werke regionaler sowie internationaler Künstlerinnen aus, die über Keramik, textiler Kunst bis hin zu Videoinstallationen reichen. In regelmäßigen Künstlergesprächen und Veranstaltungen bietet die Galerie eine Plattform für Diskussionen über Kunst und Kreativität.

Adresse Spinnereistraße 7, Halle 18H, 04179 Leipzig, www.shebam.art | **ÖPNV** Tram 14, Bus 60, Haltestelle Plagwitz | **Öffnungszeiten** Fr, Sa 11–17 Uhr | **Tipp** Die Werkschau in Halle 12 besuchen.

85 Die Slackline

Schwindelerregendes Balancieren

In dreizehn Metern Höhe, auf einer Länge von 105 Metern balanciert ein Mann auf einem dünnen Band über den Karl-Heine-Kanal. Er hält sich nicht nur im Gleichgewicht, er wippt auch, dreht sich um und dabei so sicher, dass er für die Seiltänzerin im Zirkus die größte Konkurrenz ist. Ist das eine Kunstperformance? Wird hier ein Film gedreht?

Nein, der Verein Slacknetz Leipzig e. V. übt hier. In enger Zusammenarbeit mit der Stadt Leipzig hat der Verein eine Lösung erarbeitet, damit seine Mitglieder ihren Sport hier über dem Karl-Heine-Kanal ausüben können. Die Athleten tragen Sportklettergurte und ein Sicherungsseil, damit ihnen nichts geschehen kann. Die Sportler trainieren mitunter schon viele Jahre, haben irgendwann mal zwischen zwei Bäumen angefangen und wagen sich nun in schwindelerregende Höhe. Es braucht viel Übung, bis man sich auf der Highline, so heißt es, wenn die Slackline hoch oben angebracht wird, sicher bewegen kann. Highlining ist quasi eine Weiterentwicklung des bekannten Slacklinings.

Beim Slacklining spannt man ein elastisches Gurtband zwischen zwei Punkten, und die Herausforderung besteht darin, auf dieser instabilen Fläche das Gleichgewicht zu halten. Anders als beim Seiltanz gibt das flexible Material nach und erfordert eine ständige Anpassung der Muskelspannung.

Sowohl Slacklining als auch Highlining fördern die Entwicklung des eigenen Gleichgewichtssinns und die mentale Stärke. Denn die Herausforderung, auf einem schmalen Band zu balancieren, stärkt die psychische Belastbarkeit und das Selbstvertrauen. Trotz der physischen Anstrengung bietet die Konzentration gleichzeitig auch die Erfahrung einer Art meditativen Entspannung mit sich, und so sind Slacklining und Highlining nicht nur Sportarten, sondern auch Ausdruck einer tiefen Verbindung zur Natur sowie einer Reise zu den Grenzen der eigenen Fähigkeiten.

Adresse In Höhe der Weißenfelser Brücke, 04229 Leipzig, www.slacknetzleipzig.de | ÖPNV Tram 14, Haltestelle K.-Heine-/Merseburger Straße | Öffnungszeiten jeden 1. und 3. Mittwoch im Monat im Clara-Zetkin-Park, jeden 2. und 4. Mittwoch im Friedenspark, ab 16.30/17 Uhr, im Winter im Artistenkombinat in der Hohen Straße, Fr ab 19.30 Uhr, Wochenende und Feiertage Trainingam Stelzenhaus | Tipp An der Wildwasserkehre in Markkleeberg kann man Rollski fahren ausprobieren und in einer Wildwasseranlage Kanu fahren.

86 Der Sorgenteich

Das größte Nationaldenkmal Deutschlands

Im Herbst 1813 fielen in Probstheida mehr als 110.000 Menschen in der größten Schlacht des 19. Jahrhunderts. Eine halbe Million Soldaten standen sich damals gegenüber. Das Völkerschlachtdenkmal ist ein Monument und Erinnerung an die Geschichte. Davor befindet sich ein künstlich angelegtes Wasserbecken. Im Winter fahren die Bewohner Leipzigs hier Schlittschuh, im Sommer baden ein paar Enten darin. Es ist als »See der Tränen« bekannt. Symbolisch steht es für die Tränen der Menschen, die um die Opfer der Völkerschlacht trauern.

Heute nennen es einige Menschen auch »Sorgenteich«. Man nimmt einen kleinen Stein, spricht seine Sorgen darauf und wirft ihn in den Teich. Natürlich ist das reines Wunschdenken, aber trotzdem kann es sehr befreiend und entlastend sein, die eigenen Sorgen symbolisch loszulassen und wegzuwerfen. Im Tränensee sind diese auch gut aufgehoben.

Das 91 Meter hohe Völkerschlachtdenkmal ist das größte Nationaldenkmal Deutschlands. Es wurde von 1897 bis 1913 erbaut und anlässlich des 100. Jahrestages der Völkerschlacht eingeweiht. Das Denkmal ist auch Schauplatz verschiedener Gedenkveranstaltungen, besonders am Jahrestag der Völkerschlacht. Diese Events ziehen nicht nur Leipziger, sondern auch Gäste aus aller Welt an.

Vor dem Völkerschlachtdenkmal befinden sich Wege zum Spazieren, auf den steinernen Treppen lässt sich gut sitzen, in die Sonne blinzeln und picknicken. Wer möchte, kann im Denkmal bis ganz nach oben steigen. Allerdings sollte man dafür keine Platzangst haben, die Treppen werden oben sehr schmal. Einen Aufzug gibt es, aber nicht bis ganz nach oben. Das Denkmal ist mit zahlreichen Skulpturen und Reliefs geschmückt, die verschiedenen an der Schlacht teilnehmenden Nationen darstellend. Auch beherbergt es ein Museum, welches die Geschichte der Schlacht und ihre Auswirkungen auf die deutsche Geschichte umfassend dokumentiert. Eintritt frei.

Adresse Straße des 18. Oktober 100, 04299 Leipzig, www.stadtgeschichtliches-museum-leipzig.de | ÖPNV Tram 2, 15, Haltestelle Völkerschlachtdenkmal | Öffnungszeiten April–Okt. täglich 10–18 Uhr, Nov.–März täglich 10–16 Uhr | Tipp An das Völkerschlachtdenkmal grenzt der Südfriedhof.

87_Der Stasi-Bunker

Sicherer SED-Unterschlupf

Lange Zeit blieb der Bunker gänzlich unentdeckt. Befand er sich doch ganz am Ende eines Waldgartenvereins inmitten von idyllischen Schrebergärten. Offiziell war er als Ferienanlage des »VEB Wasserversorgung und Abwasserbehandlung Leipzig« getarnt worden. Doch das Ministerium für Staatssicherheit hatte hier ab Ende der 1960er bis Anfang der 1970er Jahre für einen eventuellen Kriegsfall einen der 15 Stasi-Bunker der DDR gebaut.

1.500 Quadratmeter umfasst der Bunker, man kann ihn zu bestimmten Zeiten besichtigen. 100 bis 120 Mitarbeitende hätten hier Platz gefunden. Die militärischen Tätigkeiten des Staatssicherheitsdienstes sind heute hier dokumentarisch festgehalten. Im Bunker selbst kann man die Schlafräume mit Doppelstockbetten sehen, alte Bäder, eine Küche und Krankenstation, die alten Arbeitsräume, aber auch die Luftfilter und die Nachrichtentechnik von damals. Im Fall eines atomaren Angriffs hätten im Bunker Mitarbeitende circa sechs Tage lang Zuflucht suchen können.

Damit die Anlage geheim blieb, durften keine Mitarbeiter von außerhalb auf das Gelände. Verschleiert wurde sie durch eine Elektrowerkstatt, eine Schlosserei und eine Tischlerei, die auf das Gelände gebaut wurden und einzig der Tarnung des Bunkers dienten. Hundezwinger sollten weiteren Sichtschutz bieten. Um den Bunker herum wurde eine große Halle gebaut, die dessen Eingänge innerhalb ihrer Mauern verbarg. Dadurch konnte der Bunker natürlich auch nicht durch Satelliten entdeckt werden. Zudem lagerte die DDR-Führung in der Halle Mobilmachungsreserven für den Fall eines Krieges.

Die Bunkeranlage bei Leipzig ist die Einzige, die noch so gut erhalten ist, dass man sie sich in ihrem Originalzustand anschauen kann. Erst im Dezember 1989 wurde sie vom Pfarrer in Machern entdeckt. Dieser hat sie gemeinsam mit einer Bürgerbewegung für die Öffentlichkeit zugänglich gemacht.

Adresse Lübschützer Teiche, Garten 439, 04827 Machern, www.runde-ecke-leipzig.de | ÖPNV S-Bahn 3; Haltestelle Lübschütz, Machern | Öffnungszeiten Besichtigungen sind am letzten Wochenende im Monat möglich, Sonderführungen auch außerhalb der Öffnungszeiten | Tipp Der Schlosspark Machern ist zauberhaft schön.

88 Das Stasi-Museum

Vom Kegeln im Keller

»So ein Tag, so wunderschön wie heute. So ein Tag, der dürfte nie vergehen«, so sangen die friedlichen Demonstranten am 4. Dezember 1989, als sie sahen, dass das Neue Forum die Stasi-Zentrale besetzt hatte.

Seit dem 31. August 1990 zeigt das Leipziger Bürgerkomitee in original erhaltenen Stasi-Büros in der »Runden Ecke« die inzwischen historische Ausstellung »Stasi-Macht und Banalität«.

Für Interessierte öffnet das Museum der »Runden Ecke« die Türen auch zu sonst für Besucher nicht zugängliche Räume im weitläufigen Keller, Seitenflügeln und sogar Garagen.. Der Umfang des Stasi-Gebäudes wird einem in Gänze erst richtig bewusst, wenn man sich im Warteraum der damaligen Poliklinik aufhält, den Pater Noster bestaunt, die schier unendlichen Gänge der Büroräume entlangläuft und sich im Keller zwischen alten Aktenschränken und Notfallbunkern wiederfindet. Die Lüftungsanlage oder die Notstromversorgung ist ebenso noch original erhalten, wie der kleine enge Kriechgang, der als Fluchtweg dienen sollte.

Im Keller befindet sich auch eine Kegelbahn. In den Büroräumen fand man später Waffenkammern mit 31 Kilogramm Plastiksprengköpfen, aber auch knapp 1,5 Millionen Schuss MPi-Munition.Auf dem Innengelände befand sich offiziell der Parkplatz. Doch in einigen Garagen parkten nie Autos, stattdessen wurden hier professionell Akten vernichtet. Bis heute klebt Papiermatsch an Wänden und Decke.

Auch Briefe wurden im Gebäude heimlich kontrolliert. In der Abteilung Postkontrolle wurden sie über Dampftischen geöffnet, abfotografiert, mit Karteikarten und Schriftproben versehen in einer der vielen Karteischränke abgelegt sowie professionell mit Schließmaschinen wieder geschlossen, so dass die Empfänger ahnungslos blieben.

Das Museum zeigt, welche tragische Auswirkung eine Diktatur hat, es sensibilisiert eine junge Generation, die die DDR nicht mehr erlebt hat und möchte als Mahnmal und Denkmal politischen Diskurs ermöglichen.

Adresse Dittrichring 24, 04109 Leipzig, www.runde-ecke-leipzig.de | ÖPNV Tram 1, 14, Haltestelle Gottschedstraße | Öffnungszeiten Mo–So 10–18 Uhr, Führungen nach Anmeldung möglich, Führungen in die geheimen Räume nur zu Sonderführungen möglich | Tipp Die ständige Ausstellung des Bürgerkomitees »Stasi – Macht und Banalität« zeigt die dunkle Seite der DDR auf.

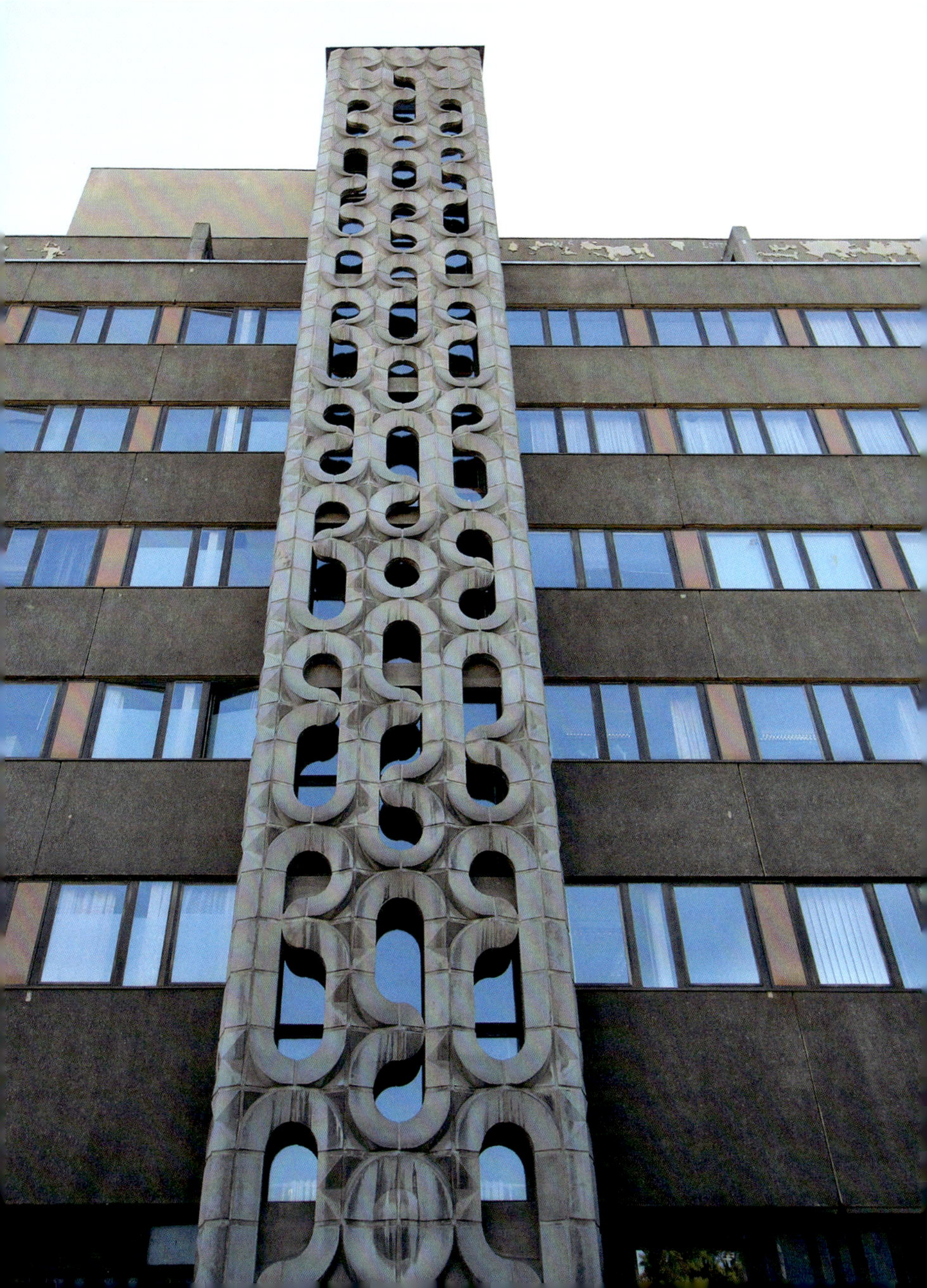

89_Das Sternburgbier

200 Jahre und immer noch sexy

130 Angestellte stellen im Stadtteil Reudnitz, umgangssprachlich auch »Detroitnitz« genannt, sicher, dass die Sternburg-Brauerei auch im 21. Jahrhundert gutes Bier braut, das sich an das Deutsche Reinheitsgebot hält und sogar als erstes Unternehmen der Lebensmittelbranche in Sachsen wichtige Zertifikate für Qualitätsmanagement und Umweltmanagement bekommen hat.

Vor 200 Jahren wurde die Traditionsbrauerei in Lützschena gegründet und zog später nach Leipzig an den heutigen Standort. 1871 war der Hallenser Adolph Riebeck der Inhaber und erkannte schnell die fortschreitende industrielle Entwicklung und den dazugehörigen Wunsch nach mehr Bier in Leipzig. Schon 1913 war die Brauerei die viertgrößte ihrer Art und besaß hochmoderne Anlagen. In der Stadt kannte man die Riebeck-Pferde. Diese und auch Ochsen zogen die schweren Bierwagen durch die Straßen. In Leipzig gab es damals den Spruch: »Du hast einen Hintern wie ein Riebeck-Pferd«. Jeder wusste damals, was damit gemeint war. Die Brauerei war schließlich stadtbekannt.

Auch heute noch hat das Bier viele Fans. Die Brauerei öffnet ihre Tore an offenen Tagen für Besucher und bietet Brauereiführungen an. Zwei Stunden lang können sich die Gäste die Brauerei ansehen. Von der Sortieranlage über die Flaschenreinigung und Abfüllanlage, 1.000.000 Flaschen durchlaufen insgesamt acht Stationen am Tag. In das Bier kommen dabei nur ganz sorgfältig ausgewählte Rohstoffe. Hopfen und Malz werden ohne Gentechnik angebaut. Im gesamten Herstellungsprozess ist Sternburg frei von tierischen Substanzen.

Aktuell kann man auf dem Gelände auch noch einen echten Weltrekord bewundern: Ein Motorradclub aus Jesewitz hat aus 135.000 Kronkorken eine Flasche zusammengebaut und hier aufstellen dürfen.

Jederzeit zugänglich ist übrigens der virtuelle Rundgang durch die Brauerei auf der Website.

Adresse Mühlstraße 13, 04317 Leipzig www.sternburg-bier.de | ÖPNV Tram 12,15, Haltestelle Witzgallstraße, Haltestelle Riebeck-/Oststraße | Öffnungszeiten Führungen und Veranstaltungstermine findet man auf der Website. | Tipp Der Sternburg-Schrebergarten direkt um die Ecke lädt zum Verweilen und Mitpflanzen ein.

90 Der Tee Contor

Friesischer Fockeberg-Power

In einem Teeladen offenbart sich eine ganze Welt voller Aromen, Traditionen und Entdeckungen. Das zarte Rasseln von Teedosen und das verlockende Sortiment von unterschiedlichen Teesorten verleihen dem Laden seine ganz eigene Atmosphäre. Es ist wie das Öffnen einer Tür zu einer zauberhaften Welt voller Duftnoten und Geschmacksexplosionen. Sobald man den Laden betritt, wird man von einem betörenden Mix aus erdigen Nuancen, blumigen Akzenten und fruchtigen Aromen herzlich empfangen. Jede Teedose birgt eine Geschichte, eine Reise von fernen Teegärten und traditionellen Erntetechniken.

1991 eröffnete Frank und Michaela Oetzel nach Sanierungsarbeiten ihren ganz besonderen Teeladen auf der »Karli« in Leipzig. So einzigartig sind seine selbst gemischten Teesorten, dass sie sich in der ganzen Stadt herumsprechen und als Geheimtipp gelten. Nicht nur als Mitbringsel, sondern vor allem auch für den Eigengebrauch in der heimischen Küche.

Betritt man den Tee Contor, steht man plötzlich in Friesland. Oetzels Teehaus ist diesem nordischen Flair nachempfunden und strahlt auch diese Ruhe und Gelassenheit aus. Die dunklen Holzregale sind bis zur Decke hoch vollgestapelt mit verschiedenen Teesorten. Von anfänglich 65 verschiedenen, sind es nun über 300 aus aller Welt. Klassische Schwarztee-, Früchtetee-, und Grünteesorten gibt es, aber auch eigene, selbst gemischte Teesorten wie den Fockeberg-Power und die Alt-Connewitzer Mischung findet man in seinen Regalen.

Der Laden ist farbenfroh eingerichtet, überall gibt es etwas zu entdecken. Man möchte stundenlang hier sein, sich umsehen und hat direkt gute Laune, angesichts der besonderen Einkaufskulisse.

Besucher des Ladens können sich beraten lassen, an den Teesorten riechen und sich in eine ganz eigene gemütliche Welt des seit alters her beliebten Heißgetränk entführen lassen. Ein Besuch hier ist nicht nur ein Einkaufsbummel, sondern eine Reise zu fernen Orten und vergangenen Zeiten.

Adresse Karl-Liebknecht-Straße 100, 04275 Leipzig, www.teecontor-leipzig.com | ÖPNV Tram 10, 11, Bus 60, 74, Haltestelle Karl-Liebknecht-/Kurt-Eisner-Straße | Öffnungszeiten Mo–Fr 11–18.30 Uhr, Sa 10–14 Uhr | Tipp Ein japanisches Teehaus namens Nyanko gibt es in Plagwitz.

91 Die Thomaner

Zwischen Motetten und Konzerten

Der Thomanerchor ist die älteste kulturelle Einrichtung der Stadt. Er ist auch einer der vier ältesten Knabenchöre Deutschlands und weltweit bekannt und berühmt. Er wurde 1212 gemeinsam mit der Thomasschule gegründet und ist damit schon ein alter Knabe mit seinen über 800 Jahren. Der Chor besteht aus 93 männlichen Kindern und Jugendlichen im Alter von neun bis 18 Jahren. Die Sänger bewohnen ein Internat (das sogenannte Thomasalumnat) und besuchen auch heute noch die Thomasschule.

Der Komponist Johann Sebastian Bach als Thomaskantor, also als Chorleiter, prägte den Thomanerchor in seiner Amtszeit von 1723–1750 ganz besonders. Aber nicht nur er, inzwischen sind es 18 Thomaskantoren, die alle gemeinsam die Thomaskirche Leipzig und damit auch die Stadt Leipzig zum Zentrum protestantischer Kirchenmusik gemacht haben. Der Chor hat seine Heimat in der Thomaskirche und fühlt sich auch seinem Bach-Erbe verpflichtet. Trotzdem finden sich in seinen Programmen Chorwerke aus allen Epochen der Musikgeschichte. In zahlreichen Motetten und Gottesdiensten in der Kirche hören diese mehr als 2.000 Zuschauer wöchentlich.

Zusätzlich dazu werden die Passion und das Weihnachtsoratorium von Bach regelmäßig aufgeführt und ziehen damit tausende Besucher in die Thomaskirche. Seit dem 20. Jahrhundert reist der Chor auch weltweit zu Konzerten. Damit ist die Kirche internationaler Anlaufpunkt, die Predigten in den Gottesdiensten werden auch auf Englisch übersetzt.

Die Thomaskirche ist nur außerhalb ihrer Gottesdienste und Veranstaltungen täglich von 12 bis 18 Uhr für Besucher geöffnet. Sie ist gemeinsam mit der Nikolaikirche eine der beiden Hauptkirchen der Stadt. Die romanische Kirche wurde wahrscheinlich 1160 erbaut, als Markgraf Otto der Reiche von Meißen der Burg und dem Burgvorort Libzi das Stadtrecht verlieh. Zwischen 1212 und 1222 wurde die Kirche schließlich zur Stiftskirche des Thomasklosters umgebaut.

Adresse Thomaskirchhof 18, 04109 Leipzig, www.thomanerchor.de/veranstaltungen | ÖPNV Tram 9, 16, Haltestelle Thomaskirche | Öffnungszeiten täglich 12–18 Uhr, Auftritte des Thomanerchores findet man auf der Website | Tipp Hinterher im »Bachstübl« essen gehen.

92 Das Torhaus Dölitz

Napoleons kleine Tür

Wer durch die kleine Tür im Torhaus gelangen möchte, der muss sich schon sehr bücken. »So klein waren die Menschen damals«, sinniere ich jedes Mal und bin fasziniert von dieser anschaulichen Begegnung mit der Geschichte im 21. Jahrhundert. Immer noch laufen wir über die Straßen, auf denen einst Napoleon ging. Tatsächlich ist die Pforte aber nicht aus diesem Grund so klein, sondern weil sie dadurch besser verteidigt werden konnte. Wer eintreten wollte, musste sich bücken und konnte schlecht angreifen.

Das Torhaus ist ein über 300 Jahre altes Gebäude und zählt zu den wenigen noch erhaltenen barocken Gebäuden der Stadt. Es beherbergt das Zinnfigurenmuseum, das zu den größten Museen seiner Art in Europa gehört.

Auf drei Etagen erwachen vergangene Schlachten, Kriege und Landschaften zum Leben. In einer Art Miniaturwunderwelt wurden über 100.000 Zinnfiguren angefertigt und in Dioramen zu kleinen und großen Szenen angeordnet. Auf 25 Quadratmetern ist beispielsweise die Völkerschlacht bei Leipzig rund um die Ortschaften Probstheida, Dölitz und Holzhausen am 18. Oktober 1813 mit vielen Tausend Figuren dargestellt. Der Herrensitz in Dölitz war zwei Tage zuvor einer der Zentren der Völkerschlacht gewesen. Hier geriet der österreichische General Merveldt in Gefangenschaft, den Napoleon mit einem Angebot zur Waffenruhe zu den Verbündeten geschickt hatte.

Am Torhaus finden das ganze Jahr über Veranstaltungen statt. Sei es das Lichterfest, das Torhausfest oder die historischen Biwaks 1813.

Unweit des Torhauses befindet sich die Dölitzer Mühle. Sie gilt als die letzte erhaltene Wassermühle in Leipzig und steht unter Denkmalschutz. Der Verein Grün-Alternatives-Zentrum Leipzig e. V. widmet sich der Erhaltung der Mühle und des Mühlenhofes und bietet regelmäßig attraktive Veranstaltungen an, von Sommerkino und Vernissagen bis zum Weihnachtsmarkt.

Adresse Helenenstraße 24, 04279 Leipzig, www.torhaus-doelitz.eu oder www.agra-park.info | ÖPNV Bus 108, Haltestelle Matzelstraße; Tram 11, Haltestelle Leinestraße | Öffnungszeiten Mi, Sa, So, Feiertag 10–17 Uhr, letzter Einlass 16.30 Uhr; in den sächsischen Schulferien zusätzlich Do und Fr 10–17 Uhr | Tipp Zum Wave-Gotik-Treffen finden hier das Pest-Treffen und das Heidnische Dorf statt.

93 Das Torhaus Markkleeberg

Erlebe die Völkerschlacht 1813

Den ersten Nachweis des Ortes Markkleeberg gibt es von 1190. In der Zeit der Völkerschlacht war F.W. Heinrich von Funcke der Besitzer. Er musste erleben, wie die Stallungen und die Dorfschule durch ein Feuer vollständig zerstört wurden. Das Gebiet rund um das Torhaus mit Schule, Kirche, Brücke und Stallungen, war am 16. Oktober 1813 Teil der Kämpfe. Drei Kompanien des österreichischen Regimentes verteidigten mutig den Pleiße-Übergang gegen die Franzosen, ließen sie nicht über die Brücke. Wo man heute nur noch einen kleinen Bach fließen sieht, floss früher der Fluss Pleiße.

Das Torhaus war früher mit einer Zugbrücke über den Wassergraben versehen, bis heute sieht es so aus wie 1664. Der letzte Eigentümer, Dr. Paul Hoppe, kaufte das Rittergut 1932.

Wolfgang Gerlach erwarb das das Torhaus 1996 und gründete und im selben Jahr den Förderverein »Historisches Torhaus zu Markkleeberg 1813« e. V. Später erwarb er noch das danebenliegende Schloss. Mit Hilfe des Fördervereins konnten Torhaus und Schloss saniert und mit Leben erfüllt werden.

Im Torhaus gibt es ein kleines Museum, sehr liebevoll eingerichtet und gepflegt vom zuständigen Förderverein. Untermalt mit passender Musik, geht es an alten Rüstungen und Uniformen vorbei in ein Wohnzimmer aus der Biedermeierzeit. Einen alten Ofen gibt es hier zu bestaunen, auch Spielzeuge von früher und eine Feder. Hautnah und bildreich taucht man in die alte Zeit ein. Sehenswert ist auch das große Diorama der Völkerschlacht im Erdgeschoss des Schlosses, das bei Führungen gezeigt wird.

Andere Veranstaltungen wie zum Beispiel die Walpurgisnacht, oder die historischen Biwaks 1813, laden zum Entdecken des Torhauses ein. Alljährlich im Oktober lassen viele hundert Darsteller in historischer Kleidung die Zeit um 1800 zwischen dem Torhaus Dölitz und dem Torhaus Markkleeberg wieder lebendig werden und rekonstruieren die Völkerschlacht.

Adresse Kirchstraße 40, 04416 Markkleeberg, www.torhaus-markkleeberg.de | **ÖPNV** Tram 11, Haltestelle Markkleeberg, Virchowstraße | **Öffnungszeiten** Mo, Fr 9–13 Uhr, So 14–17 Uhr und nach Vereinbarung | **Tipp** In der Nähe befindet sich die Gaststätte »Die Möncherei«.

94 Der Uniriese

120 Meter über der Stadt

Unzählige Namen hat das 142,5 Meter große Hochhaus schon innegehabt. »Es sieht aus wie ein aufgeschlagenes Buch, denn Leipzig ist Buchstadt«, »Es ist der Uniriese, denn die Universität befindet sich hier«, »MDR-Gebäude«, »City-Hochhaus«, »Weisheitszahn«, »Panorama-Tower«. Fest steht:

Es ist seit 40 Jahren das höchste Bürogebäude und auch eines der Wahrzeichen der Stadt. In den Jahren 1968 bis 1972 wurde es erbaut und schmiegt sich zwischen Gewandhaus, Moritzbastei und Universität. Der Architekt Hermann Henselman entwarf es damals, ein beeindruckendes Beispiel für die Architektur der DDR-Zeit. Es war das höchste Gebäude Deutschlands seiner Zeit. 1999 wurde es komplett saniert. Die hellgraue Fassade besteht aus chinesischem Granit und Glas.

Ursprünglich als Universitätsgebäude konzipiert, beherbergt der Uniriese heute nicht nur Büros, sondern auch das Panorama-Restaurant »Panorama Tower«. Besucher können in diesem Restaurant nicht nur kulinarische Köstlichkeiten genießen, sondern auch einen atemberaubenden Rundumblick über Leipzig und die umliegende Region erleben. Das Panorama-Restaurant befindet sich im obersten Stockwerk des Uniriesen und bietet nicht nur eine exquisite Speisekarte, sondern auch eine Aussichtsplattform, die einen beeindruckenden Blick auf die Stadt, den Leipziger Zoo, das Völkerschlachtdenkmal und die umliegende Landschaft ermöglicht. Besonders bei Sonnenuntergang ist der Anblick unvergesslich. Es ist damit das höchstgelegene Lokal Mitteldeutschlands. Nämlich 120 Meter hoch. Die Aussichtsplattform liegt sogar noch über dem Panorama Restaurant im Freien und ist auf der 31. Etage erreichbar. Der Eintritt beträgt derzeit fünf Euro pro Person. Das Restaurant besteht aus vier Räumlichkeiten, die Städtenamen tragen, die in den entsprechenden Himmelsrichtungen liegen. Auch Veranstaltungen und private Feiern können hier stattfinden.

Adresse Augustusplatz 9, 04109 Leipzig, www.panorama-leipzig.de | ÖPNV Tram 1, 3, 4, 7, 10, 11, 15, 16, Haltestelle Augustusplatz | Öffnungszeiten Mo–Do 11.30–22.30 Uhr, Fr und Sa 11.30–23.30 Uhr, So 10–22 Uhr | Tipp Das Deckengemälde im Gewandhaus hat eine Gesamtgröße von 712 Quadratmetern.

95 Die Universität

Vampirismusforschung und Theologie

Michael Ranft war Theologe und Vampirismusforscher. Er war der Sohn eines Pfarrers und immatrikulierte sich 1720 an der Universität Leipzig, wo er alsdann Philosophie studierte. Sein Werk »Von dem Kauen und Schmatzen der Toten in Gräbern« kann man bis heute kaufen. Da er zu Zeiten der Pest lebte, in der Tote in Leinen eingewickelt wurden und nur knapp unter der Erdoberfläche begraben wurden, war den Menschen nicht bewusst, dass Gase aus den toten Körpern weichen musste. Das Kauen und Schmatzen führte dazu, dass Michael Ranft seine Studien intensivierte. Es gibt einen Unterschied zwischen einem Vampir und einem sogenannten Nachzehrer: Den Sagen nach liegt der Nachzehrer unter der Erde und saugt den Hinterbliebenen die Lebenskraft ab, indem er durch den offenen Mund oder die offenen Augen eine Art Verbindung mit seinen potenziellen Opfern aufnimmt. Er kaue am Leichentuch oder an den Armen herum.

Die Universität wurde bereits 1409 gegründet und gehört zu den forschungsstarken und medizinführenden Universitäten in Deutschland. Sie ist außerdem eine der ältesten Universitäten Europas mit 14 Fakultäten und 465 Professuren. Der große, zentral gelegene Campus, besonders durch das Neue Augusteum und das Paulinum-Aula und die Universitätskirche St. Pauli, ist die Universität zu einem Wahrzeichen der Stadt geworden.

Jahrhundertelang war die Kirche ein geistiges wie geistliches Zentrum von Universität und Stadt. Berühmte Persönlichkeiten wurden hier begraben, und auch Uraufführungen bekannter Bachwerke fanden in ihr statt. Doch am 30. Mai 1968 wurde die Kirche aufgrund der staatlichen Willkür gesprengt und 2017 nach einem Wiederaufbau mit einem Festgottesdienst wieder eingeweiht. Im Altarbereich der Kirche sind noch Ausstattungsstücke der alten Kirche zu sehen. Darunter beispielsweise akademische Grabplatten aus dem 16. bis 18. Jahrhundert.

Adresse Neues Augusteum, 04109 Leipzig, www.uni-leipzig.de | ÖPNV Tram 1, 3, 4, 7, 10, 11, 15, 16, Haltestelle Augustusplatz | Öffnungszeiten Gottesdienste an jedem Sonn- und Feiertag um 11 Uhr | Tipp Der Klangberg in Probstheida erinnert mit einer Kunstinstallation an die Sprengung der Kirche.

96_Die Unzeitgemäßen Zeitgenossen

Es geht dir ums Prinzip?

Wer vom Augustusplatz ausgehend Richtung Innenstadt läuft, kommt an der bronzefarbenen Säule vorbei. Bei nur 1,90 Metern Höhe muss mancher beim Vorbeigehen aufpassen, sich an dem 2,90 Metern langen Querbalken nicht zu stoßen. Und genau darum geht es: Es ist so bemessen, dass man sich stoßen kann. Oder soll. Ein symbolischer Denkanstoß.

Aufgrund des Trubels ist es schwierig, sich Zeit zu nehmen und die Säule genauer zu betrachten. Im oberen Teil hat sie einen breiten Riss und ein Mann versucht mit Ast und Seil sie zu stabilisieren. Fünf 1,40 Meter große Bronzefiguren stehen darauf. Sie sind nackt und schauen in entgegengesetzte Richtungen. Sie alle haben ein kleines, goldenes Detail, an dem sie festhalten. Das sind ihre Prinzipien.

Bernd Göbl ist der Bildhauer dieser Plastik, bis 2008 Professor der Bildhauerei in Halle. Die Unzeitgemäßen Zeitgenossen sind sein Geschenk an die Stadt. Ende der 1970er Jahre hatte er damit begonnen, persönlichen Ärgernissen Gestalt zu geben, indem er sie modellierte.

Es gibt den Stadtgestaltiker mit einem Lorbeerkranz, der in die Richtung der damals gesprengten Universitätskirche blickt. Seinen Finger hat er an einem Sprengzünder, er ist also jemand, der erst etwas wegsprengt, auf dem er bauen möchte. Die Rationalisatikerin steht neben ihm mit einer goldenen Säge. Dann der Diagnostiker mit seinem Hörrohr. Eine Pädagogikerin mit einem goldenen Hammer, also eine Lehrerin, die mit der Holzhammermethode unterrichtet, und ein Kunsttheoretiker mit goldener Nase und goldenen Ohren.

Unter dem Balken, auf dem die Figuren stehen, ist ein Zitat von Rolf Hochhuth: »Selbstverständlich darf man einem Prinzip ein Leben opfern – doch nur das eigene«. Und genau darüber sollen die Betrachter wahrscheinlich längere Zeit nachdenken.

Adresse vor Grimmaische Straße 29, 04109 Leipzig | ÖPNV Tram 1, 3, 4, 7, 10, 11, 15, 16, Haltestelle Augustusplatz | Öffnungszeiten Betrachtung rund um die Uhr möglich | Tipp Ganz in der Nähe zeigt das Ägyptische Museum der Universität Leipzig interessante Exponate.

97 Die Villa Hasenholz

Sommergarten, Brunch und Tanz

Marion Selma Salzmann entdeckte 2007 die 150 Jahre alte Villa am Rand von Leipzig wieder und erweckte als Pächterin das alte Haus zum Leben. Sie benannte es in »Villa Hasenholz« um, benannt nach dem Waldstück, auf dem sich das Grundstück befindet. Das Gründerzeitgebäude beeindruckt mit seinem wunderschönen Tanzsaal, der Kolonnade und den beeindruckenden Stuckdecken. Draußen wartet ein verwunschener Garten auf die Gäste. Hängematten, bunt gemischte Bänke und Stühle, eine Außenbar und viele Tiere schenken der Villa Hasenholz ihr ganz eigenes, besonders schönes Flair.

In erster Linie versteht sich die Villa als Veranstaltungsort und Kulturzentrum. Dadurch finden meist am Wochenende Konzerte, Tanzpartys, aber auch Hochzeiten und Geburtstagsfeiern statt. Im Winter dürfen sich Besucher über ein üppiges Frühstücksbuffet freuen. In Sommer öffnet der Biergarten. Dann trauen sich auch die Hängebauchschweine Charles und Camilla, die Schafe Sissi und Andrew und der Hund Hermann nach draußen. Die bunten Wimpel flattern im Wind, Kinder rennen über die Wiese, das Lagerfeuer lädt zum Klönen ein und jemand schwingt langsam auf der riesigen Schaukel im Baum hin und her. Kuchen und Kaffee versüßen den Sonntagnachmittag. Gegen Abend gibt es leichte Sommerküche und Barbecue. Wer mag, kann sogar vor Ort übernachten.

Marion Salzmann ist es ein Anliegen, den ursprünglichen Zustand wieder herzustellen. Die Villa selbst ist in der Liste der Kulturdenkmäler der Stadt Leipzig eingetragen.

Bis zum Zweiten Weltkrieg war die Villa als Ausflugsstätte bekannt und beliebt gewesen. Die Stadtbewohner sehnten sich nach Natur und Luft, wollten aber trotzdem gern ihr städtisches Umfeld behalten. Nach dem Weltkrieg wohnten lange Zeit Menschen in der Villa, die kein Zuhause mehr hatten. Später war das Haus Warenlager für die staatliche Handelsorganisation in der DDR.

Adresse Gustav-Esche-Straße 1, 04179 Leipzig, www.villahasenholz.de | ÖPNV Bus 80, Haltestelle Am Sportpark | Öffnungszeiten Sa, So 10–13 Uhr im Winter, So und Feiertage 12–20 Uhr bei schönem Wetter | Tipp Einen Radausflug zum Kap Zwenkau machen.

98 Die Villa Karl Krause

Wo ein sozialer Fabrikant lebte

Im vergangenen Jahr öffnete das Denkmal einmalig seine Türen. Es war der 200. Geburtstag des Leipziger Unternehmers Karl Krause. Inzwischen ist die Villa ein renoviertes Wohnhaus. Doch ihre Geschichte ist viel älter und bedeutender. 1887 wurde sie erbaut. Bauherr Krause war der Gründer einer Buchbindereimaschinen-Fabrik. Sie gehörte zu einer der zehn größten Fabrikantenvillen in Leipzig.

Die Fabrik wuchs zu einem Weltunternehmen heran, in der Zeit des Weltkriegs mussten sie sich auf die Produktion von Rüstungsgütern umstellen und wurden später enteignet. In der DDR wurde sie Verwaltungssitz des VEB Polygraph, einer Art Holding. 1994 wurden beinahe alle Fabrikgebäude abgebrochen und dann geschieht 2010 noch ein schreckliches Unglück: Das Gebäude brennt. Danach steht es nur noch als Ruine da, ohne Dach und Zwischendecken. Die Villa ist heute renoviert und steht auf einem 63.000 Quadratmeter großen Fabrikgelände.

Karl Krause steht symbolhaft dafür, dass man alles schaffen kann, wenn man nur daran glaubt und daran arbeitet. Seine Umstände waren alles andere als einfach. Er wurde als elftes Kind in Liemehna geboren, einem Dorf bei Eilenburg und arbeitete in Leipzig als Laufbursche eines Konditors, und machte eine Schlosserlehre. Später bildete er sich autodidaktisch weiter und arbeitete als Geselle in verschiedenen Maschinenfabriken. Mit wenig Kapital richtete er sich eine Reparaturwerkstatt für Maschinen des grafischen Gewerbes ein. Er baute eine kleine Eisengießerei auf und begann, seine Erzeugnisse zu exportieren. 1877 begann der Fabrikbau in der Zweinaundorfer Straße. Krause blieb trotz seines Erfolgs sozial: Denn als seine Angestellten nach Crottendorf zogen, ließ er Bibliothek, Schwimmbad, Umkleideräume und Wohnungen bauen. Er kümmerte sich um Sozialleistungen und ließ 100 Schrebergärten anlegen, die er den Arbeitern überließ.

Adresse Weidenbachplan 1, 04318 Leipzig | ÖPNV Bus 72, 73, Haltestelle Martinstraße | Öffnungszeiten Die Villa befindet sich auf einem Privatgrundstück. | Tipp Die Fabrik von Karl Krause wird ebenfalls aufwendig saniert und befindet sich einige Meter weiter im selben Stadtteil gegenüber der ehemaligen Feuerwache.

99_Die VINETA

Kunst auf dem Wasser

In den letzten Jahren ist am Störmthaler See vor den Toren Leipzigs ein schönes Erholungsgebiet für gestresste Großstädter entstanden. Die VINETA befindet sich als kleine Kirche mitten auf dem See und steht als Symbol für die abgerissene Magdeborner Kirche, die mitsamt dem dazugehörigen Dorf dem ehemaligen Braunkohletagebau Espenhain zum Opfer fiel. Die VINETA ist eine künstlerische Interpretation, der Name wurde jedoch nicht zufällig gewählt. Der Legende nach ist Vineta eine versunkene Stadt in der Ostsee, die an Prunksucht litt und als Strafe der Götter im Meer versank.

Seit 2011 wird die VINETA auf dem Störmthaler See vom Krystallpalast Varieté bewirtschaftet. Lesungen, Zauberkunstshows, Musikkonzerte, aber auch Hochzeiten finden hier statt. Die VINETA ist ein schwimmendes Standesamt auf dem See, gilt mit einer Traufhöhe von 15 Metern sogar als derzeit höchstes schwimmendes Bauwerk auf einem deutschen See.

Wer möchte, kann sich auf eine geführte Bootstour begeben und allerhand Wissenswertes über die VINETA erfahren. Aber es gibt auch allerhand Wassersport, den man vor Ort buchen kann. Ein Flyboard zum Beispiel, mit dem man über den See fliegen kann. Für etwas weniger Abenteuerlustige gibt es Tretboote, Kajaks, Ruderboote und Motorboote zum Ausleihen. Auch romantisch kann es werden, wenn man im Schlafstrandkorb gemeinsam übernachtet.

Im Bistro gibt es auf einem großen, windgeschützten Freisitz Speisen und Getränke für hungrige Mägen. Direkt daneben steht der alte Dispatcherturm. Von dort wurde früher der Tagebau überwacht, die Schaltpulte befanden sich noch hier. Nun kann man ihn für Feierlichkeiten mieten, den Turm besteigen oder auch einen VR-Rundflug über den Störmthaler See wagen. Begleitet von einem erfahrenen Guide fliegt man über die interessante Landschaft des Leipziger Neuseenlands und die 733 Hektar große Wasserfläche.

Adresse Alte F 95 Nr. 1, 04463 Großpösna, www.vineta-stoermthal.de | **ÖPNV** Bus 141, Haltestelle VINETA-Bistro/Störmthaler See | **Öffnungszeiten** Boottickets vorab buchen, VINETA-Bistro Öffnungszeiten befinden sich auf der Website | **Tipp** Das Spaboot mit Sauna kann man auch am Störmthaler See buchen.

100 Die Waden Goethes

Der Turnlehrer im Theaterkostüm

Auf einem hohen Sockel vor der Alten Handelsbörse steht die Bronzestatue des Johann Wolfgang von Goethe. Er schaut Richtung Universität. Oder Richtung Auerbachs Keller, in dem er eine Szene seines berühmten »Faust« ansiedelte, und in seiner Studienzeit viel Zeit verbrachte. Mehr als mit seinem Jurastudium.

Das Denkmal wurde von dem Künstler Carl Seffner geschaffen. Ein 28-jähriger Turnlehrer in einem Theaterkostüm stand Modell für die Gussvorlage. Da Seffner kein Bild von Goethe aus seiner Studienzeit hatte, verwendete er Bilder aus seinen späteren Lebensjahren. 1903 fand die Einweihung statt. 44.000 Mark kostete das Denkmal. Die Stadt steuerte jeweils 10.000 Mark aus der Stiftung von Ferdinand Rhode und 10.000 aus dem Vermächtnis von Franz Dominic Grassi bei.

Die beiden Frauenreliefs zeigen Friedrike Oeser, die Tochter seines Leipziger Zeichenlehrers. Mit ihr hatte Goethe eine enge Freundschaft. Auf der anderen Seite befindet sich Kätchen, seine große Liebe während seiner Studentenjahre. Ihr voller Name ist Anna Katharina, sie war die Wirtstochter des Gasthofs, in dem Goethe immer zu Mittag aß. Sie ist auf dem Alten Johannisfriedhof begraben (siehe Ort 1).

Um den Turnlehrer ranken sich laut einigen Leipziger Stadtführern gewagte Spekulationen. Carl Seffner war Sohn eines Schuhmachers und studierte an der Leipziger Kunstakademie bei Melchior zur Straßen. Er war ein erfolgreicher Bildhauer, hat unzählige Denkmäler und Werke, unter anderem für Leipzig geschaffen. Auch die Statue von Johann Sebastian Bach beispielsweise. Interessanterweise sehen dessen Waden überhaupt nicht so aus, als würden sie zum Rest des Bachschen Körpers passen oder anders formuliert, sie sehen den Waden des jungen Goethe sehr ähnlich. So mutmaßen die Stadtführer mit einem Zwinkern in den Augen, das auch hier der Turnlehrer Modell gestanden hat, und beide gemeinsam eine gute Zeit hatten.

Adresse Naschmarkt 1, 04109 Leipzig, www.stadtgeschichtliches-museum-leipzig.de/besuch/unsere-haeuser/alte-boerse | ÖPNV S-Bahn S1–S6, Bus 89, Haltestelle Markt, Tram 1, 3, 4, 7, 10, 11, 15, 16 Haltestelle Augustusplatz | Öffnungszeiten dauerhaft geöffnet | Tipp Das Goetz-Denkmal im Garten des Goetz-Hauses ist auch von Seffner.

101 Die Wagner-Nietzsche-Villa

Also sprach Zarathustra

An der Jugendstilvilla in der Karl-Heine-Straße 4b geht man normalerweise unachtsam vorbei. Es ist ein privates Haus und bisher ist noch relativ unbekannt, was Nietzsche mit dieser Villa zu tun haben könnte.

2008 begann der neue Miteigentümer, die Klinge Otto Planung GmbH, mit der notwendigen Sanierung des Anwesens. Doch dem Architekten fielen immer mehr Motive aus Nietzsches Geisteswelt auf und er begann ein Forschungsprojekt ins Leben zu rufen, um herauszufinden, was es mit der Villa und ihren Bildern auf sich haben könnte. Wer genau hinsieht, erkennt oben am Haus zwölf geschnitzte Balkenkopfporträts von Friedrich Nietzsche, Richard Wagner und deren Bekannten- und Freundeskreis.

Eine Frau namens Marie Julie Hillig hatte die Villa im Jahr 1903 bauen lassen. Sie entstammte der Kaufmannsfamilie Schomburgk und hatte das Grundstück geerbt. Auf diesem stand damals neben einem Gewächshaus auch eine Kegelbahn und ein Pferdestall.

Marie Hillig hatte persönliche Kontakte in die Verlagsszene, mit der auch Nietzsche verbunden war. Mutmaßlich aufgrund dessen gab sie den beiden Menschen, die auch in Leipzig studiert und geboren waren, eine öffentliche Plattform. Obwohl die beiden nur kurz befreundet miteinander gewesen waren, obwohl Nietzsche sich sogar von Wagner öffentlich distanziert hatte, bezog sie sich in ihrer öffentlichen Widmung auf die kurze Freundschaft der beiden. Wagner und Nietzsche hatten sich im Haus von Wagners Schwester kennengelernt. Sie waren fasziniert voneinander, besuchten sich oft, bis es von Nietzsches Seite aus zu einem Bruch kam.

Nicht nur die Porträts der Beiden sind besonders, sondern auch die zahlreichen Illustrationen und Bildnisse aus Friedrich Nietzsches »Also sprach Zarathustra« und Richard Wagners Werk »Der Ring des Nibelungen« überall am Gebäude.

Adresse Karl-Heine-Straße 24b, 04229 Leipzig | **ÖPNV** Tram 14, Haltestelle Leipzig, Alte Straße | **Öffnungszeiten** von außen dauerhaft anzuschauen | **Tipp** Gehen Sie spazieren im nahegelegenen Palmengarten.

102 Der Waldsee

Naturidylle Lauer

Seit dem Jahr 2000, als der angrenzende Cospudener See zum Baden freigegeben wurde, kann sich die Natur in der ehemaligen Kiesgrube frei entfalten. Bis dahin wurde sie selbst als Badesee genutzt. Die angrenzenden Wanderwege am Waldsee Lauer sind mitunter ganz schmal, aber dafür idyllisch und erholsam. Auf den Wasserwegen kann man sich zwischen Cospudener See und Floßgraben bewegen. Auch Angelfreunde finden im Waldsee ihr großes Fangglück: Karpfen, Schleie, Hechte und andere Fischarten.

Früher war am Ort des Sees ein Braunkohletagebau gewesen, in den 1970er Jahren musste zugunsten des Tagebaus die Bundesstraße 2 verlegt werden. Dadurch entstand die Kiesgrube zur Baustoffgewinnung. Als die Straße fertig war, wurde ein See angelegt. In den 1980er Jahren war das damalige Waldbad Lauer, so nannte es sich, ein offiziell betriebener Badesee. Es gab Umkleidekabinen und Bademeister! Er ist fünf Meter tief und bis zu 320 Meter breit. Über einen Kanal ist er mit dem Cospudener See verbunden. Darin befindet sich eine Schleuse, die den Höhenunterschied von 90 Zentimetern ausgleicht.

Nach dem Ende der Braunkohleära bekam die Landschaft ein neues Gesicht. Heute ist sie das sogenannte Neuseenland. Der Cospudener See ist einer der Beliebtesten und hat sogar den längsten Sandstrand Sachsens. Am Nordstrand gibt es genug Platz für Beachvolleyball und Sonnenhungrige. Man könnte auch zur Bistumshöhe radeln und wird mit einem phantastischen Blick belohnt. Am Hafen Zöbigker warten verschiedene Wassersportanbieter auf Besucher. Auch Restaurants, Bootsverleih und eine beliebte Sauna befinden sich hier.

Bis heute entstehen rund um Leipzig noch Berbaufolgeseen, die mitunter durch Kanäle miteinander verbunden sind. Dadurch ist es tatsächlich sogar möglich, mit einem ausgeliehenen Boot oder einem Stand-Up-Paddle durch verschiedene Seen zu fahren und einen ganzen Tag auf dem Wasser zu verbringen.

Adresse Kirschallee, 04416 Markkleeberg | ÖPNV Bus 65, Haltestelle Cospudener See/EXPO-Pavillon, Bus 107, Haltestelle Markkleeberg, Sonnesiedlung | Öffnungszeiten rund um die Uhr zugänglich | Tipp Bei Brot & Kees am Kees´schen Park essen gehen.

103 Das Wappen auf dem Markt

Der Antiheld Woyzeck

Das Leipziger Stadtwappen auf dem Marktpflaster vor dem Alten Rathaus war früher der Ort für Hinrichtungen in der Stadt. Die letzte öffentliche Hinrichtung fand vor 5.000 Menschen am 27. August 1824 statt. Einigen mag der literarische Antiheld Woyzeck aus dem Buch von Georg Büchner bekannt sein. Historisches Vorbild für die Romanfigur war der am 3. Januar 1780 geborene Johann Christian Woyzeck. Schon als Kind wurde er Waise, später ging er verschiedenen Berufen nach, ließ sich als Soldat anwerben und kehrte 1818 verarmt und arbeitslos nach Leipzig zurück. 1806 war er in Leipzig schon einmal wegen eifersüchtig-aggressiven Verhaltens angezeigt worden.

In der damaligen Sandgasse (heute Seeburgstraße) lernte er Johanna Christiane Woost, damals Witwe eines Chirurgen, kennen und lieben. Doch diese hatte auch Affären mit anderen Männern. Woyzeck betrank sich häufig, war eifersüchtig und misshandelte seine Geliebte. Am 21. Januar 1821 versetzte ihn Johanna Woost, kam nicht zum verabredeten Treffpunkt, weil sie sich mit einem anderen Mann traf. Woyzeck, damals 41 Jahre und rasend vor Eifersucht, erstach sie noch an diesem Abend, als er sie später antraf, in einem Hausflur in der Leipziger Sandgasse im Seeburgviertel.

Er wurde festgenommen, aber nicht gleich zum Tode verurteilt. Vielmehr zog sich sein Prozess ganze drei Jahre hin, weil sein geistiger Zustand in Frage gestellt wurde. Woyzeck sagte aus, er hätte Stimmen gehört, die ihm befohlen hatten, Johanna Woost zu töten. Die geplanten Hinrichtungen wurden mehrmals verschoben, doch schließlich erklärte 1823 das zuständige Gericht die Zurechnungsfähigkeit Woyzecks für erwiesen und befahl die Vollstreckung. Das heutige Stadtwappen umfasst 80 Quadratmeter Fläche und wurde von dem Grafiker und Gestalter Heinz-Jürgen Böhme entworfen.

Adresse Markt 1, 04109 Leipzig, www.stadtgeschichtliches-museum-leipzig.de | ÖPNV Tram 1, 3, 4, 7, 10, 11, 15, 16, Haltestelle Augustusplatz; Bus 89, Haltestelle Markt | Öffnungszeiten dauerhaft geöffnet, Museum Di–So und Feiertage 10–18 Uhr | Tipp Vor dem Neuen Rathaus befindet sich das Goerdeler-Denkmal, der damalige Oberbürgermeister der Stadt wurde 1945 hingerichtet.

104 Der Weihnachtsmann

Er reist per Dampflok

Ein großes Drängen gibt es Anfang Dezember an Gleis 6 in den Promenaden Hauptbahnhof Leipzig. Hunderte Kinder sind mit ihren Eltern und Großeltern gekommen, um die Ankunft des Weihnachtsmannes zu erleben. Es ist unübersichtlich: Von wo kann man ihn und die historische Dampflok am besten sehen? Wahrscheinlich hätte man für den besten Blick an diesem Tag schon eine Stunde eher da sein müssen.

Große und kleine Leipziger warten gespannt auf den großen Moment der Ankunft, begleitet von einem Bergmannsblasorchester. Es ist so weit: Die Leipziger Dampflokomotive 52 8154 des Vereins Eisenbahnmuseum Bayerischer Bahnhof zu Leipzig e. V. fährt mit Qualm und Dampfsignal in den Bahnhof ein. Die Kinder jubeln und winken. Der Weihnachtsmann ruft sein bekanntes »Ho Ho Ho« und winkt der wartenden Menschenmenge.

1989 wurde der Verein von damaligen Eisenbahnern gegründet. Heute noch kümmern sich ehrenamtliche Mitglieder um die Dampflokomotiven der Baureihe 52, Reisezugwagen der 1960er und 1970er Jahre, Hilfsfahrzeuge und Kleindiesellokomotiven. Auch einen noch funktionieren Wasserkran gibt es im Museum zu bestaunen. Alle Eisenbahnbegeisterten kommen gern zum ehemaligen Bahnbetriebswerk nach Plagwitz. Der Eintritt ist, außer bei Museumsfesten, kostenfrei.

Mit Sonderzügen kann man sogar ein Stück aus Leipzig ins Grüne fahren, und eine kleine Gartenbahn versüßt das nächste Fest auf dem Museumsgelände. Heute ist die große Dampflokomotive durch die halbe Stadt gefahren, über Leutzsch, Möckern und Gohlis ohne Zwischenhalt und hat im größten Kopfbahnhof Europas gestoppt.

Der Weihnachtsmann begrüßt die Kinder, einige dürfen ihm ein Lied oder ein Gedicht vortragen. Er hat ein straffes Programm: Der Weihnachtsmarkt wartet auf ihn, und die Kinder dort auf eine Sprechstunde unter vier Augen auf der Marktbühne.

Adresse Hauptbahnhof Leipzig, 04109 Leipzig, www.dampfbahnmuseum.de | ÖPNV Tram 1, 3, 4, 7, 10, 11, 16, 51, Bus 72, 73 Haltestelle Hauptbahnhof | Öffnungszeiten Das Museum öffnet Sa 10–16 Uhr, alle Fahrten und Veranstaltungen stehen auf der Website | Tipp Im gleichnamigen Bayerischen Bahnhof im Biergarten sitzen.

105 Das Werk 2

Die Kulturfabrik

Ein einzigartiger, besonderer Kultur- und Veranstaltungsort in Leipzig ist das Werk 2. Es beherbergt eine Glasbläserei, eine Töpferei, Grafikdruck, vielen verschiedene Büros, Künstlerateliers, ein Café und vieles mehr.

1848, als der Stadtteil Connewitz noch sehr dörflich war, wurde die Fabrik des Franzosen Eduard Siry als Herstellungsort für Gasmesseranlagen auf dem damals unbewohnten Gelände gegründet. Sehr viel später, erst 1992, startete die Werk 2 – Kulturfabrik e. V. als größtes soziokulturelles Zentrum in Sachsen. Bis heute werden hier zahlreiche Veranstaltungen für alle Altersgruppen angeboten, darunter Konzerte, Lesungen, Theatervorführungen und auch Angebote und Kurse zum Thema Medien und Lesekompetenzförderung.

Im Lauf seiner Geschichte hat das Werk 2 viel erlebt. Zur Zeit des Zweiten Weltkrieges war es ein Zwangsarbeiterlager, nach Gründung der DDR wurde das Gelände Volkseigentum und wurde als zweites Werk als Betriebsteil an den VEB Werkstoffprüfmaschinen in der Südvorstadt angegliedert. Daher auch der Name. 1990 wurde die Produktion stillgelegt und zwei Jahre später der Trägerverein des heutigen Werk 2 gegründet. 1997 wurde jedoch eine Halle durch Brandstiftung zerstört, 2001 eine andere aus baurechtlichen Gründen gesperrt. 2009 wurde diese Halle neu erbaut und ein Jahr später eröffnet. 2012 erneuerte man schließlich die Freifläche.

Der Verein engagiert sich als soziokulturelles Zentrum und unterstützt kreativen Nachwuchs. Er scheut sich auch nicht, Genres einen Raum und Ort, um sich präsentieren zu können, zur Verfügung zu stellen, die vielleicht nicht so gängig sind. Insbesondere Barrierefreiheit und Inklusion sind für das Werk 2 ein wichtiges Anliegen. Auch über die eigenen Mauern hinaus engagiert sich der Verein in Leipzig aktiv, gemeinsam mit und für andere kulturelle und soziale Initiativen in der Stadt.

Adresse Kochstraße 132, 04277 Leipzig, www.werk-2.de | ÖPNV Tram 9, 10, 11, Haltestelle Connewitzer Kreuz | Öffnungszeiten Website beachten | Tipp Am »Grünen Bogen« in Paunsdorf grasen Wildpferde.

106 Der Westflügel

Internationales Figurentheater

Der Westflügel ist ein sehr alter Kulturort in Leipzig. Heute entstehen hier internationale zeitgenössische Figurentheater-Produktionen. Es gibt zwei ansässige Figurentheaterensembles: Wilde & Vogel und Lehmann und Wenzel. Auch treten im Westflügel immer wieder internationale Künstlerinnen und Künstler auf.

Seit 2003 finden Theateraufführungen, Tanztheater, Konzerte und Ballnächte statt. 2015 wurde dem Westflügel der Theaterpreis des Bundes verliehen. Im Mittelpunkt des Figurentheaters steht die Animation von Material, das zum Leben erweckt werden muss. Die Programmgestaltung orientiert sich an Gesichtspunkten wie internationalem Austausch, Nachwuchsförderung und einer gemeinsamen Erforschung und Weiterentwicklung des Genres Figurentheater. Viele der im Westflügel entstandenen Produktionen wurden bereits mit Preisen ausgezeichnet und waren schon auf internationalen Bühnen zu Gast.

Der Westflügel grenzt an die Schaubühne Lindenfels und war schon 1892 ein »Concert Garten«. Acht Jahre später begannen die Dörfer Lindenau und Plagwitz, aufgrund des rasanten Zuzugs, zu boomenden Stadtteilen zu werden. Anstelle des Gartens wurde ein kleiner Saal angrenzend an die Schaubühne geplant und gebaut: Der heutige Westflügel. 1900 wurde er feierlich eröffnet. 1939 wurde er an den Fabrikanten Frölich verkauft. Dieser nutzte den Ballsaal als Lager und ab 1943 als Produktionsstätte für Ofenrohre.

2003 begann eine Initiative rund um das Figurentheater Wilde & Vogel, damals noch gemeinsam mit der Schaubühne Lindenfels, das Gebäude wieder kulturell zu nutzen. Der Urzustand des Hauses wurde nahezu wieder hergestellt. Heute gibt es zwei Säle, den Ballsaal mit 190 Quadratmetern und den etwas kleineren Bar-Raum. Der historische Eingang ist wieder zu sehen, genauso wie ein Ofen im Erdgeschoss, der eindrucksvoll an die Geschichte des Hauses erinnert.

Adresse Hähnelstraße 27, 04177 Leipzig, www.westfluegel.de | **ÖPNV** Tram 34, Haltestelle Karl-Heine-/Merseburger Straße | **Öffnungszeiten** Tickets für Veranstaltungen können online oder vor Ort gekauft werden. | **Tipp** Im Westflügel befindet sich auch die kleinste Kunstgalerie der Stadt.

107 Das Westwerk

Älteste Gießerei der Stadt

Mitte des 19. Jahrhunderts erschloss der sächsische Gutsherr Carl Erdmann Heine den Stadtteil Plagwitz und ließ den Karl-Heine-Kanal anlegen. Kaspar Dambacher ließ daraufhin eine Gießerei zwischen der Weißenfelser und Karl-Heine-Straße errichten. Sie ist heute die älteste, in ihren Außenmauern noch erhaltene Gießerei der Stadt. Danach begann er mit dem Bau eines Wohnhauses und errichtete die Nebengebäude der Gießerei. 1882 übernahm die Firma Schumacher & Koppe dieses Grundstück.

Die Firma entwickelte sich im Laufe der Jahre immer weiter: das benachbarte Grundstück kam hinzu, später wurde das Außengelände und ein Pferde- und Straßenbahndepot entwickelt. Die Firma errang internationale Anerkennung, und wurde zu einem Industriearmaturenwerk, das vor allem in den Weltkriegen als Rüstungszulieferer fungierte.

Auch in der DDR-Zeit wurde die Firma weitergeführt. 1952 entstand eine Produktionshalle, die alle damaligen Maße sprengte. Der Betrieb wurde Volkseigentum unter dem Namen VEB »Industriearmaturen und Apparatebau Leipzig«. Hier wurden Armaturen für die chemische Industrie gefertigt. Dazu Erdölleitungen zur Rohstoffgewinnung für Wohnungsbau und Atomindustrie.

2007 wurde das Westwerk Leipzig schließlich ein Kunstquartier. Der Name bezieht sich auf das nach Westen ausgerichtete Portal der großen Halle. Da Max Klinger hier früher schon gearbeitet hatte, bleibt der Ort damit quasi seinen kreativen Wurzeln treu.

Viele verschiedene Ateliers, Geschäfte und Cafés sind nun hier zu finden. Die alten Fabrikhallen sind so mit viel kreativem Leben gefüllt. Es bleibt damit nicht nur ein historisches Gebäude, sondern auch ein lebendiger Ort, der die Vielfalt und Dynamik von Leipzig widerspiegelt. Mit seiner reichen Geschichte, seiner Architektur und seinem kulturellen Beitrag ist das Westwerk ein integraler Bestandteil des lebendigen Erbes von Leipzig.

Adresse Karl-Heine-Straße 93, 04229 Leipzig, www.westwerk-leipzig.de | ÖPNV Tram 14, Haltestelle K.-Heine-/Merseburger Straße | Öffnungszeiten Website beachten | Tipp Abends über die Karl-Heine-Straße schlendern und hinter dem Kaiserbad die Treppen zum Kanal nach unten steigen.

108 Das Wintergarten-hochhaus

Nein, es ist kein Plattenbau!

106,8 Meter misst das Wintergartenhochhaus in der Höhe insgesamt, davon beherbergen knapp 96 Meter Wohnetagen. Damit war das 32-geschossige Hochhaus das größte Wohngebäude der DDR und anschließend dasjenige der neuen Bundesländer bis zum Jahr 2020! Bis heute rangiert es unter den Top 100 der deutschen Hochhäuser.

Das Haus ist ein architektonisches Zeugnis der DDR und steht seit 1994 unter Denkmalschutz. Charakteristisch und besonders ist der Grundriss des Hauses, der sehr symmetrisch ist, mit seinen 16 Außenecken und den vielen Balkonen auf jeder Etage. Es war das erste Wohnhochhaus der DDR, das in einer sogenannten Gleitbauweise errichtet wurde. Ursprünglich sollten drei solche Giganten gebaut werden, es wurde 1970 bis 1972 aber nur das Wintergartenhochhaus tatsächlich realisiert. 52,88 Millionen DDR-Mark betrugen allein die Baukosten. Ein Markenzeichen wurde das 18 Tonnen schwere Doppel-M auf dem Dach des Hauses, das sich immer noch als Leuchtreklame für die Leipziger Messe dreht.

Am Fuß des Hochhauses errichtete man einen Vorbau, der das Gebäude von Westen und Norden umgab. In ihn zogen ein Einkaufszentrum, ein Restaurant mit dem Namen »Stadt Dresden«, eine Postfiliale und eine Milchbar ein. Alles auch, damit man hier, direkt am Hauptbahnhof, ein Prestigeobjekt für die Leipziger Messebesucher vorweisen konnte: Willkommen in der modernen Messestadt!

In den Jahren 2004 und 2005 wurde das Hochhaus für die Olympia-Bewerbung 2012 saniert, denn das Hochhaus war ein Teil des Beherbergungskonzeptes. Im Rahmen der Renovierung wurde der Vorbau abgerissen, stattdessen entstanden unter anderem ein Hotel und mehrere Wohngebäude. Im Hochhaus befinden sich heute 29 Ein-, 78 Zwei- und 100 Dreizimmerwohnungen und einige Büroräume.

Adresse Schützenstraße, 04103 Leipzig | ÖPNV Tram 1, 3, 4, 7, 8, 9, 10, 11, 12, 14, 15, 16, Bus 72 Haltestelle Hauptbahnhof/Wintergartenstraße | Tipp Der Hauptbahnhof in Leipzig ist der größte Kopfbahnhof Europas und beherbergt über 140 Geschäfte und Restaurants.

109 Das Zeitgeschichtliche Forum

DDR-Geschichte hautnah

Eine besonders auffällige Figur befindet sich vor dem Zeitgeschichtlichen Forum in der Innenstadt. »Der Jahrhundertschritt« heißt die Büste und ist von dem bekannten Künstler Mattheuer. Direkt dahinter befindet sich das spannende Museum, indem man sich durch die jüngere deutsche Geschichte bewegt und dabei Fokus nimmt auf die Zeit der deutschen Teilung und die Ereignisse von 1989. Mit einer umfangreichen Sammlung, interaktiven Ausstellungen und vielfältigen Bildungsangeboten spielt das Forum eine zentrale Rolle bei der Vermittlung historischen Wissens und der Auseinandersetzung mit der Vergangenheit.

Das Zeitgeschichtliche Forum Leipzig wurde 1999 eröffnet. Die Dauerausstellung des Forums ist dem Thema » Diktatur und Demokratie nach 1945« gewidmet. In einer eindrucksvollen Inszenierung werden die Besucher durch die deutsche Zeitgeschichte geführt. Vom Ende Zweiten Weltkriegs über die DDR bis in die Gegenwart der Bundesrepublik findet man Antworten auf Fragen wie: Warum entstand die DDR und woran scheiterte sie? Wie lebten, arbeiteten und feierten die Menschen? Wie wuchs Deutschland seit 1989/1990 wieder zusammen? Und wie steht es heute um die Einheit? Rund 2000 Originalobjekte, Zeitzeugeninterviews, Fotos und Filme machen die Vergangenheit lebendig erlebbar.

Das Forum präsentiert neben der Dauerausstellung regelmäßig wechselnde Sonderausstellungen zu unterschiedlichen Themen der Zeitgeschichte. Es engagiert sich stark in der politischen Bildung. Mit einem breit gefächerten Angebot von Workshops, Vorträgen und Seminaren richtet es sich an Schüler, Studierende und interessierte Besucher jeden Alters. Damit leistet es einen wichtigen Beitrag zur Erinnerungskultur und ermutigt die Besucher, sich aktiv mit der Vergangenheit auseinanderzusetzen. Der Eintritt ist kostenfrei.

Adresse Grimmaische Straße 6, 04109 Leipzig, www.hdg.de/zeitgeschichtliches-forum | ÖPNV Tram 1, 3, 4, 7, 10, 11, 15, 16, Haltestelle Augustusplatz | Öffnungszeiten Di–Fr 9–18 Uhr, Sa, So 10–18 Uhr | Tipp Die Alte Handelsbörse ist Leipzigs ältester Barockbau.

110 Die Zeitreise nach 1989

App auf, Vergangenheit erleben

Dass wir heute so frei und ohne Grenzen leben und reisen können, verdanken wir vielen Tausend mutigen Menschen, die wöchentlich demonstriert und gebetet haben. Unermüdlich auf eine bessere Zukunft gehofft haben. Leipzig ist, was es heute ist, nur aufgrund dieser einmaligen Gänsehaut-Geschichte.

Die Ausstellung rund um die bedeutsamen Orte der friedlichen Revolution findet interaktiv und verteilt auf 20 Standpunkte statt. Im Stadtraum von Leipzig findet man 20 Metallsäulen, die an damalige bedeutende Geschichtsmomente erinnern. Per App wird man direkt vor Ort am Originalschauplatz des Geschehens in die Vergangenheit zurückversetzt. Es gibt Fotos, Filme, Originaldokumente und auch einen Audioguide, der über die weltbewegenden Geschehnisse informiert. Durch die App kann man einen Stadtrundgang der etwas anderen Art unternehmen. Man bewegt sich durch die Zeit von 1989 bis 1991. Von den ersten Demonstrationen bis zur ersten freien Volkskammerwahl.

Die Metallsäulen sind, das ist erwähnenswert, aus einem besonderen Metall, nämlich einem sogenannten Streckmetall, das in der DDR für die Grenzsicherungsanlagen eingesetzt wurde. Nicht nur ist das emotional und geschichtlich besonders. Durch dieses Material werden die drei Meter hohen Säulen auch ein Teil des Stadtbildes, fallen kaum auf, wenn man sie nicht bewusst ausfindig macht.

Die App selbst kann man per QR-Code direkt von den Säulen herunterladen, oder man lädt sie sich vorab im Playstore unter dem Namen »Zeitfenster Leipzig« herunter. Die Routen werden digital angezeigt, die Tour ist GPS-gestützt und die App selbst mehrsprachig. Der Stadtrundgang soll an die Kraft der demokratischen Idee erinnern und will ein wichtiges Kapitel deutscher Geschichte festhalten. Interessierte erleben damit die friedliche Revolution auf besondere Weise mit und können auch direkt den Wandel der Stadt erkennen.

Adresse beispielsweise Petersstraße / Peterskirchhof oder Nikolaikirchhof, 04109 Leipzig, www.zeitfenster-app.de | ÖPNV Tram 1, 3, 4, 12, 10, 11, 15, 16, Haltestelle Augustusplatz | Öffnungszeiten dauerhaft geöffnet | Tipp Die alten Kameras vor dem Museum der Runden Ecke stammen noch aus der Stasi Zeit.

111 Zum Arabischen Coffe Baum

Ältestes Café in Deutschland

Herzlich willkommen im ältesten Kaffeehaus Deutschlands. Schon Robert Schuhmann, Gotthold Ephraim Lessing und Johann Christoph Gottsched gingen hier ein und aus. Die Sachsen lieben ihren Kaffee, schon seit 1711. Damit zählt das Coffe Baum neben einem Café in Paris tatsächlich sogar zu Europas ältesten durchgehend betriebenen Cafés.

Das Coffe Baum Museum ist nicht nur eine Sammlung von Artefakten, sondern bietet auch die einzigartige Gelegenheit, das historische Ambiente des ältesten Kaffeehauses Deutschlands zu erleben. Die restaurierten Räumlichkeiten des Coffe Baum vermitteln den Charme vergangener Zeiten und lassen die Besucher in die Geschichte eintauchen. Aktuell wird es gerade renoviert, es soll bald wieder neu eröffnen.

Auf dem Rundgang geht es durch 15 Museumsräume, mit Film- und Tondokumentationen die sich rund um die Leipziger Kaffeehauskultur drehen. Auch Kaffeemühlen, Meißener Kaffeeporzellan und Röstgeräte kann man sich anschauen. Klingt nicht so spannend? Aber aus einer Tasse trank schon Napoleon im Jahr 1813! Wie haben die Menschen früher Kaffee zubereitet? Was bedeutet »Blümchenkaffee« und wie kam der Kaffee überhaupt nach Sachsen? Das sind wichtige grundlegende Wissenslücken.

Nach dem Museumsbesuch können die Gäste im hauseigenen Café des Coffe Baum entspannen. Das frühere Café war im Erdgeschoss und im ersten Obergeschoss. Im Erdgeschoss befindet sich der so genannte Kaisersaal. Woher der Name kommt, weiß man nicht so genau. Vielleicht von Napoleon, aber es soll wohl auch einen Bürger namens Kaiser gegeben haben, der hier sein gesamtes Vermögen vertrunken haben soll. In den 1920er Jahren trafen sich hier Künstler und Literaten, hatten feste Stammtische im Coffe.

Adresse Museum Zum Arabischen Coffe Baum, Kleine Fleischergasse 4, 04109 Leipzig | ÖPNV Bus 89, Haltestelle Thomaskirche | Öffnungszeiten aktuell geschlossen | Tipp Im Macis essen gehen.

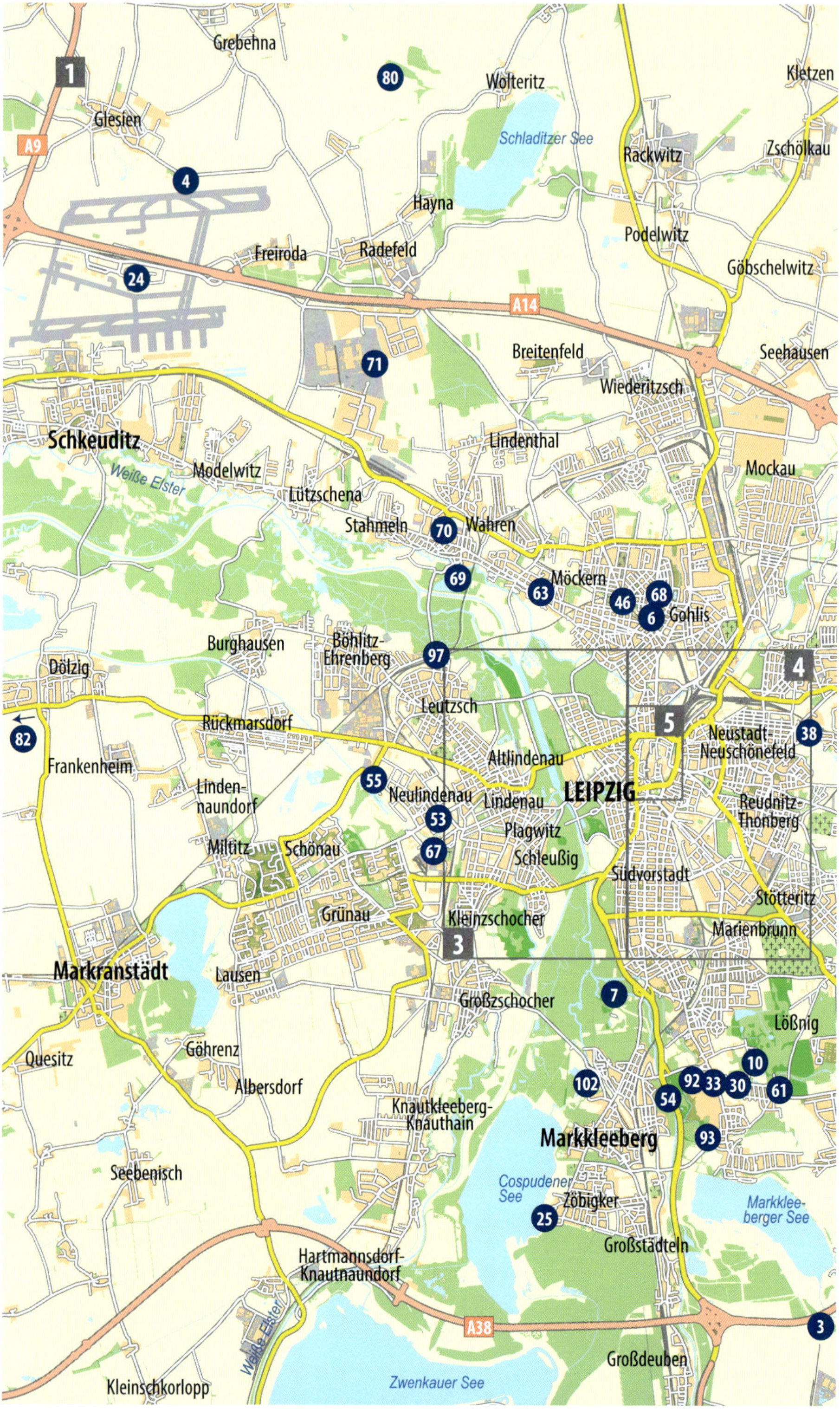

1
Grebehna
80
Wolteritz
Kletzen
Glesien
A9
Schladitzer See
Rackwitz
Zschölkau
4
Hayna
Podelwitz
Freiroda
Radefeld
24
Göbschelwitz
A14
71
Breitenfeld
Seehausen
Wiederitzsch
Schkeuditz
Lindenthal
Mockau
Weiße Elster
Modelwitz
Lützschena
Stahmeln
70
Wahren
69
Möckern
63
46
68
6
Gohlis
Burghausen
Böhlitz-Ehrenberg
97
4
Dölzig
Leutzsch
5
Rückmarsdorf
Neustadt-Neuschönefeld
38
82
Frankenheim
Altlindenau
55
Lindenaundorf
Neulindenau
Lindenau
LEIPZIG
Reudnitz-Thonberg
53
Plagwitz
Miltitz
Schönau
67
Schleußig
Südvorstadt
Stötteritz
Grünau
Kleinzschocher
Marienbrunn
3
Markranstädt
Lausen
7
Großzschocher
Lößnig
Göhrenz
10
Quesitz
Albersdorf
102
92
33
30
61
54
Knautkleeberg-Knauthain
Markkleeberg
93
Seebenisch
Cospudener See
Zöbigker
Markkleeberger See
25
Großstädteln
Hartmannsdorf-Knautnaundorf
A38
3
Weiße Elster
Großdeuben
Zwenkauer See
Kleinschkorlopp

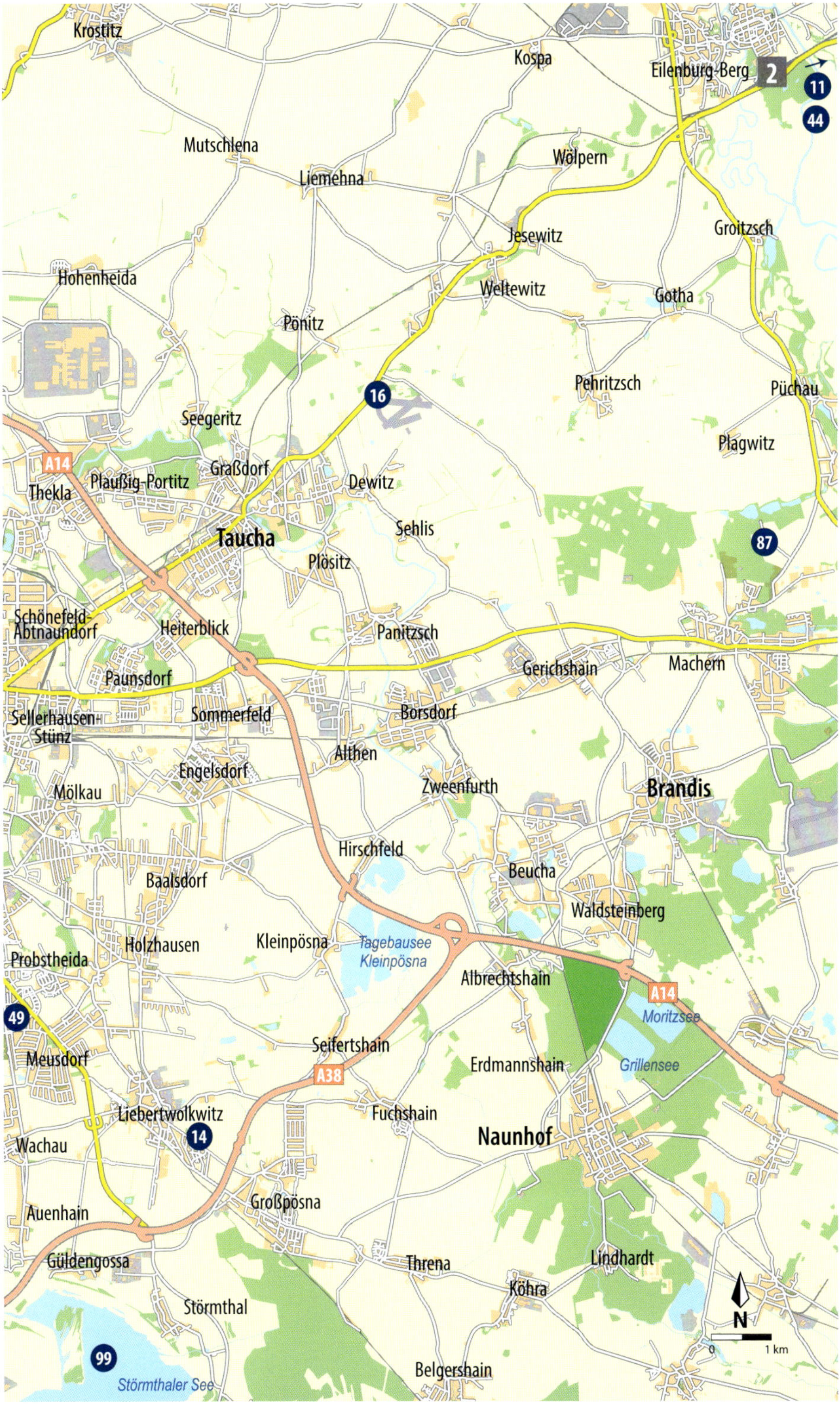
Krostitz
Kospa
Eilenburg-Berg
2
11
44
Mutschlena
Liemehna
Wölpern
Jesewitz
Groitzsch
Hohenheida
Weltewitz
Gotha
Pönitz
16
Pehritzsch
Püchau
Seegeritz
Plagwitz
A14
Graßdorf
Thekla
Plaußig-Portitz
Dewitz
Sehlis
Taucha
87
Plösitz
Schönefeld-Abtnaundorf
Heiterblick
Panitzsch
Paunsdorf
Gerichshain
Machern
Sellerhausen-Stünz
Sommerfeld
Borsdorf
Althen
Engelsdorf
Zweenfurth
Mölkau
Brandis
Hirschfeld
Beucha
Baalsdorf
Waldsteinberg
Holzhausen
Kleinpösna
Tagebausee Kleinpösna
Probstheida
Albrechtshain
A14
49
Moritzsee
Meusdorf
Seifertshain
Erdmannshain
Grillensee
A38
Liebertwolkwitz
Fuchshain
14
Naunhof
Wachau
Großpösna
Auenhain
Güldengossa
Threna
Lindhardt
Köhra
N
Störmthal
0
1 km
99
Belgershain
Störmthaler See

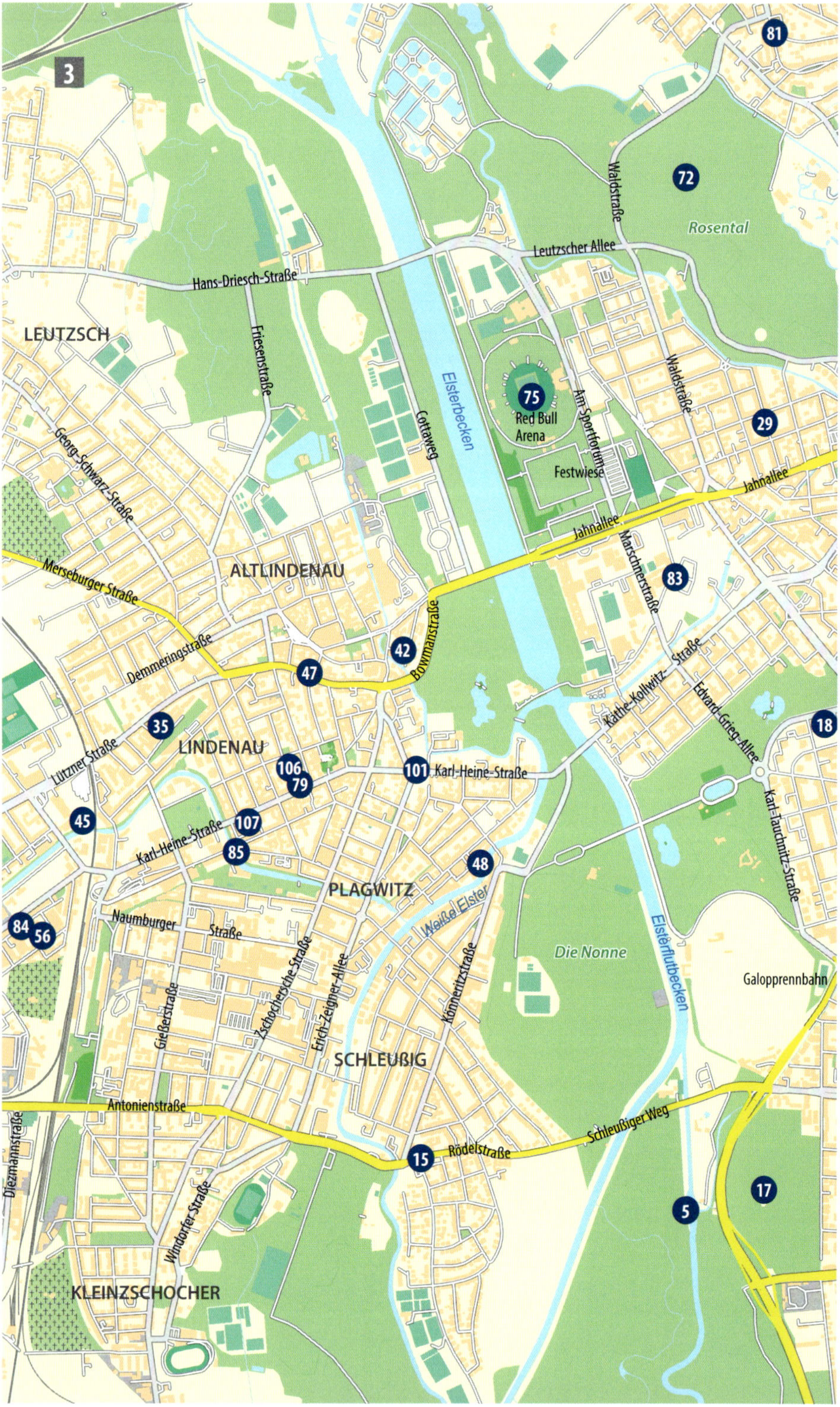

3
LEUTZSCH
ALTLINDENAU
LINDENAU
PLAGWITZ
SCHLEUßIG
KLEINZSCHOCHER
Rosental
Die Nonne
Galopprennbahn
Red Bull Arena
Festwiese
Elsterbecken
Elsterflutbecken
Weiße Elster
Hans-Driesch-Straße
Leutzscher Allee
Waldstraße
Friesenstraße
Cottaweg
Am Sportforum
Georg-Schwarz-Straße
Jahnallee
Merseburger Straße
Marschnerstraße
Bowmanstraße
Demmeringstraße
Käthe-Kollwitz-Straße
Edvard-Grieg-Allee
Lützner Straße
Karl-Heine-Straße
Karl-Tauchnitz-Straße
Naumburger Straße
Zschochersche Straße
Erich-Zeigner-Allee
Könneritzstraße
Gießerstraße
Antonienstraße
Rödelstraße
Schleußiger Weg
Diezmannstraße
Windorfer Straße
81
72
75
29
83
42
47
35
106
79
101
18
45
107
85
48
84
56
15
17
5

SCHÖNEFELD-ABTNAUNDORF
Mariannenpark
Schönefelder Allee
Adenauerallee
Berliner Straße
Rackwitzer Straße
Gohliser Straße
Eutritzscher Straße
Pfaffendorfer Straße
Gerberstraße
Hauptbahnhof
Brandenburger Straße
Eisenbahnstraße
Hermann-Liebmann-Straße
NEUSTADT-NEUSCHÖNEFELD
VOLKMARSDORF
Tröndlinring
Goerdelering
Georgring
Ludwig-Erhard-Straße
Kohlgartenstraße
Torgauer Straße
LEIPZIG
Augustusplatz
Johannisplatz
Dresdner Straße
Martin-Luther-Ring
Gerichtsweg
Täubchenweg
Roßplatz
Prager Straße
Lene-Voigt-Park
REUDNITZ-THONBERG
Oststraße
Windmühlenstraße
Floßplatz
Straße des 18. Oktober
Friedenspark
Riebeckstraße
Holsteinstraße
Wundtstraße
SÜDVORSTADT
Semmelweisstraße
August-Bebel-Straße
Kurt-Eisner-Straße
Bernhard-Göring-Straße
Arthur-Hoffmann-Straße
Karl-Liebknecht-Straße
STÖTTERITZ
Zwickauer Straße
Wilhelm-Külz-Park
Richard-Lehmann-Straße
Windscheidstraße
Arno-Nitzsche-Straße
N
0
250 m
4
5
1
8
9
12
19
20
21
22
26
27
28
34
37
39
52
59
65
73
74
76
78
86
89
90
98
104
105
108

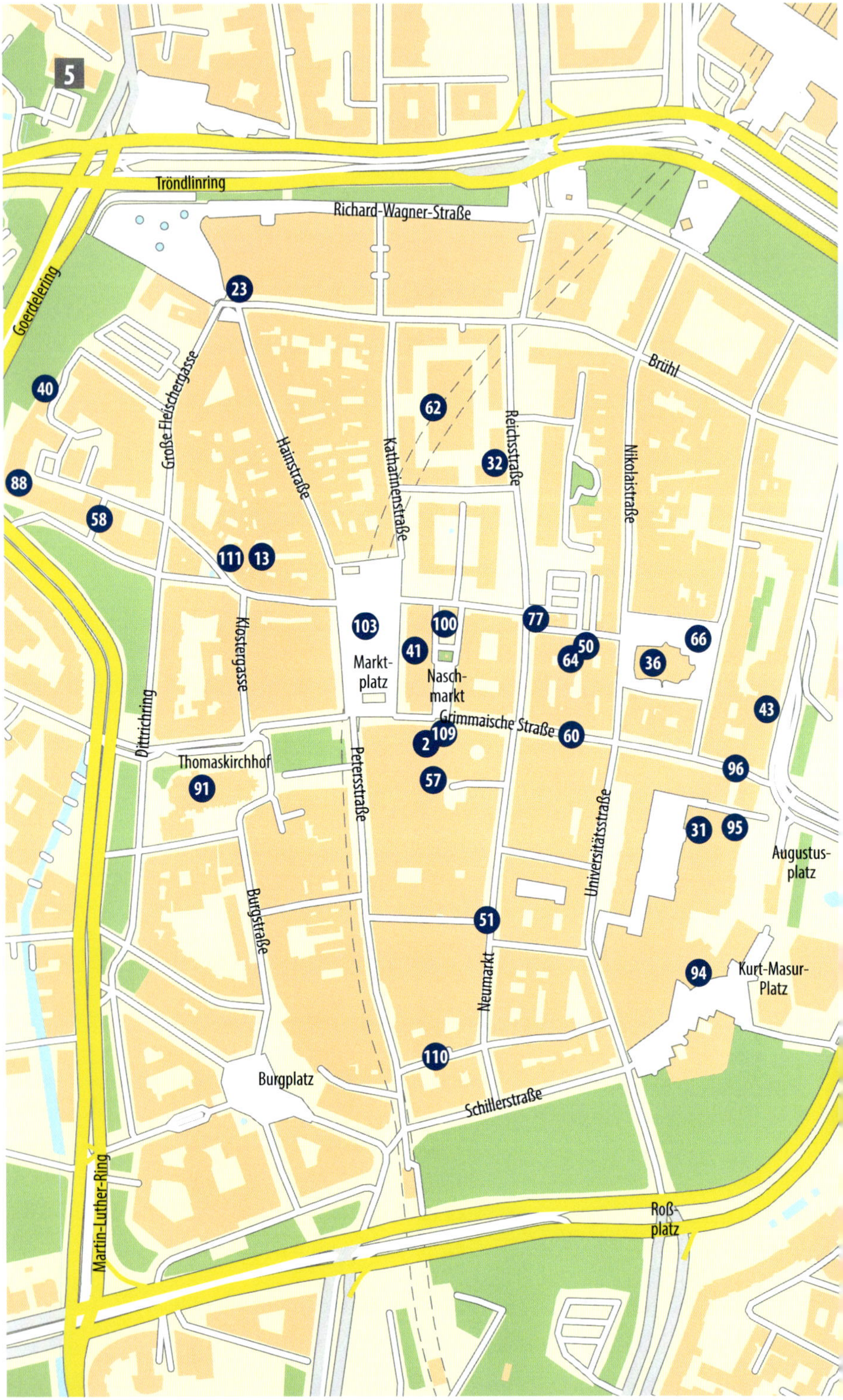

5
Tröndlinring
Richard-Wagner-Straße
Goerdelering
23
Große Fleischergasse
Hainstraße
Katharinenstraße
Reichsstraße
Nikolaistraße
Brühl
40
62
32
88
58
111
13
Klostergasse
103
100
77
66
Markt-
platz
41
Nasch-
markt
64
50
36
43
Dittrichring
Grimmaische Straße
109
2
60
96
Thomaskirchhof
91
57
Petersstraße
Universitätsstraße
31
95
Augustus-
platz
Burgstraße
51
Neumarkt
94
Kurt-Masur-
Platz
110
Burgplatz
Schillerstraße
Martin-Luther-Ring
Roß-
platz

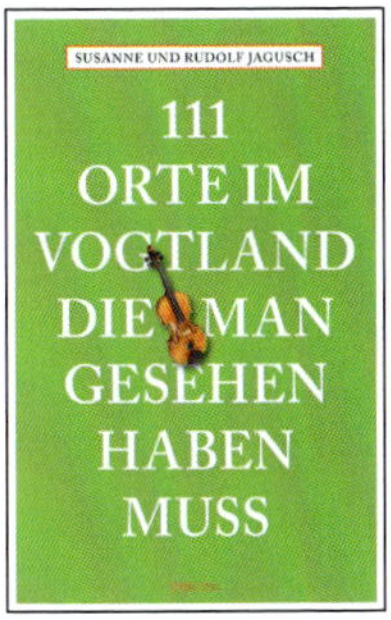

Susanne Jagusch,
Rudolf Jagusch
111 Orte im Vogtland, die man gesehen haben muss
ISBN 978-3-7408-1841-8

Jenny Menzel
111 Orte in Dresden, die man gesehen haben muss
ISBN 978-3-7408-1920-0

Rudolf Jagusch,
Susanne Jagusch
111 Orte im Erzgebirge, die man gesehen haben muss
ISBN 978-3-7408-1406-9

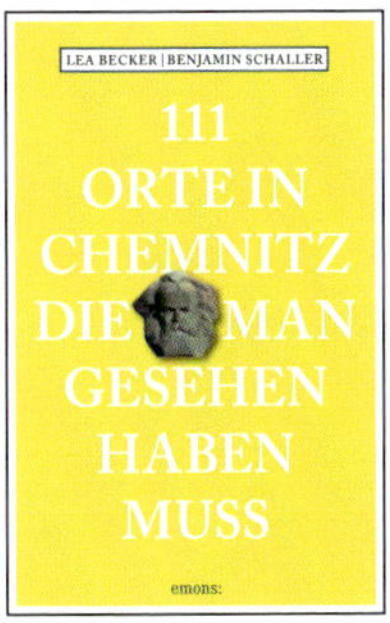

Lea Becker, Benjamin Schaller
111 Orte in Chemnitz, die man gesehen haben muss
ISBN 978-3-7408-1175-4

Kirsten Elsner-Schichor
111 Orte im Harz, die man gesehen haben muss
ISBN 978-3-7408-2018-3

René Förder
111 Orte in Sachsen-Anhalt, die man gesehen haben muss
ISBN 978-3-7408-1471-7

Ulf Annel
111 Orte an der Unstrut, die man gesehen haben muss
ISBN 978-3-7408-0347-6

Tim Frühling
111 Orte in der Rhön, die man gesehen haben muss
ISBN 978-3-7408-1998-9

Ulf Annel
111 Orte in Erfurt, die man gesehen haben muss
ISBN 978-3-7408-1635-3

Matthias Pick
111 Orte in Jena, die man gesehen haben muss
ISBN 978-3-7408-1631-5

Ulf Annel
111 Orte in und um Gotha, die man gesehen haben muss
ISBN 978-3-7408-1636-0

Ulf Annel
111 Orte rund um die Wartburg, die man gesehen haben muss
ISBN 978-3-7408-0981-2

Ulf Annel
111 Orte in und um Weimar, die man gesehen haben muss
ISBN 978-3-7408-1193-8

Ulf Annel
111 Orte in und um Erfurt, die man gesehen haben muss, Band 2
ISBN 978-3-95451-913-2

Paul Stänner
111 Orte in Brandenburg, die man gesehen haben muss
ISBN 978-3-7408-1714-5

Paul Stänner
111 Orte in Brandenburg, die uns Geschichte erzählen
ISBN 978-3-7408-2178-4

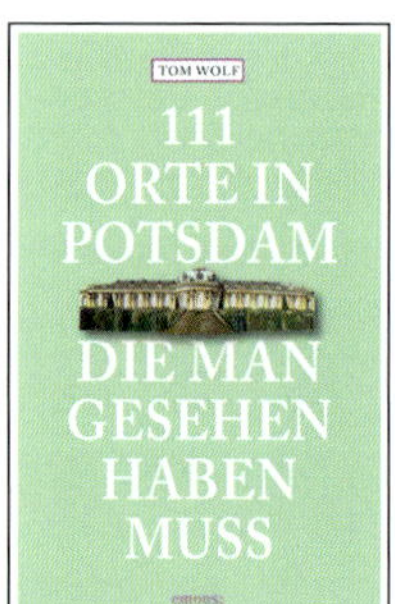

Tom Wolf
111 Orte in Potsdam, die man gesehen haben muss
ISBN 978-3-95451-419-9

Bettina Gräf, Julia Tieke
111 Orte in Berlin, die vom Islam erzählen
ISBN 978-3-7408-1516-5
ISBN 978-3-7408-1980-4

Fotonachweis

Ort 1, 5, 7, 12, 15, 17, 22, 27, 28, 29, 37, 41, 43, 48, 55, 58, 62, 65, 76, 94, 103, 105, 106, 107, 108: Juliane Weicker; Ort 8: feverup; Ort 9: Stephan Jockel; Ort 25: Freizeit-Abenteuer GmbH; Ort 26: Schumann-Haus Leipzig/Christian Kern; Ort 31: Claudia Hantschel; Ort 32: Stadtgeschichtliches Museum; Ort 34, 87: Gedenkstätte Museum in der Runden Ecke; Ort 47: Helge Hommes; Ort 54: Bernhard Weiß; Ort 59: media city leipzig; Ort 62, 64: © VG Bild-Kunst, Bonn 2024; Ort 67: technesphere; Ort 70: Pittlerwerke; Ort 71: Porsche Leipzig; Ort 75: Motivio; Ort 84: Sarah Storch; Ort 85: Slacknetz Leipzig e.V.; Ort 104: Enrico Meyer und Daniel Reiche; Ort 109: punctum/Alexander Schmidt; Autorinnenfoto: Judith Ziegenthaler

Priska Lachmann, 1986 in Leipzig geboren, ist verheiratet und dreifache Mädchenmama. Nach dem Theologiestudium an der LEE University in Tennessee und der Universität Leipzig arbeitet sie als freie Journalistin und Redakteurin in Leipzig.

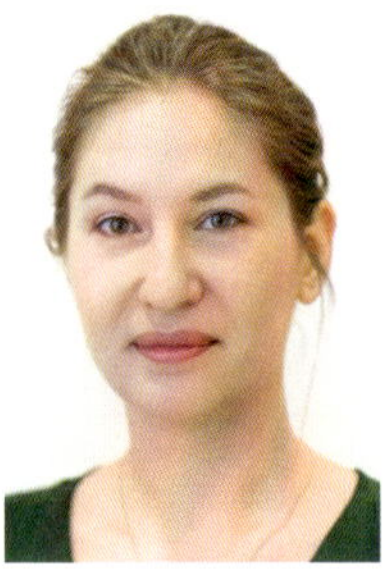

Juliane Weicker, 1986 geboren und Leipzigerin, ist klinische Neuropsychologin und in ihrer Freizeit leidenschaftliche Fotografin.